边学边用·汉语成语

활용을 통해 익히는 新HSK 중국어 성어

许国萍·宋真喜

전남대학교출판문화원

____저자약력

许国萍

복단대학교 문학박사 (现代汉语语法 전공)
복단대학교 국제문화교류학원 부교수

宋真喜

복단대학교 문학박사 (现代汉语语法 전공)
전남대학교 문화사회과학대학 국제학부 중국학전공 교수

边学边用·汉语成语

활용을 통해 익히는 新HSK 중국어 성어

인 쇄 2017년 8월 25일
발 행 2017년 8월 30일

저 자__许国萍 · 宋真喜
발행인__정병석
발행처__전남대학교출판문화원
등 록__1981. 5. 21. 제53호
주 소__61186 광주광역시 북구 용봉로 77
전 화__(062) 530-0571~2
영업부__(062) 530-0573
팩 스__(062) 530-0579
홈페이지__http://www.cnup.co.kr
이메일__cnup0571@hanmail.net

값 19,000 원

ISBN 978-89-6849-434-5 (93720)

이 도서의 국립중앙도서관 출판예정도서목록(CIP)은 e-CIP홈페이지(http://www.nl.go.kr/ecip)와
국가자료공동목록시스템(http://www.nl.go.kr/kolisnet)에서 이용하실 수 있습니다.
(CIP제어번호: CIP2017022468)

编写说明

《边学边用·汉语成语》是一本针对汉语中高级学习者编写的成语教程。除了包括新HSK词汇大纲中115个成语外，还增加了9个与数字有关的成语，共124个，都是日常写作和说话中使用频率很高的成语。

成语多来自古代历史、典籍、诗文等，形式简洁、固定，文化含义极为丰富。保留至今，成语成为现代汉语词汇重要的一部分。有些成语的意思难以用其它词语准确地表达，有些时候要说的意思很复杂，但用一个成语就能很简洁地表达。因此，当汉语达到一定的水平后，学好用好成语，能够帮助我们提高说话写作的水平，使我们的表达更丰富、生动、准确、简洁。

本教程共分14课，除第一课外，每课学习8～9个成语，分成两组进行讲解和练习。每个成语配有3～4个例句，注重在日常生活常见的情景或话题中使用成语，并全面呈现成语在句子中的可能用法。每组学完后，安排「填空、意义匹配、选择填空」练习，帮助记忆和理解成语。两组学完后安排一次综合练习，包括「完成句子、完形填空、短文阅读理解」，帮助学习者在理解的基础上，在合适的语境中运用成语。用于「完形填空和阅读理解的短文」长度约150～200字，平均使用了3～4个成语。这是特意为成语学习者编写的短文，目的是通过一定情境下成语的高频率出现，更有效率地帮助学习者熟悉和使用成语。需要说明的是，一篇文章中，不是成语用得越多越好，也不是用得越多表示汉语水平越高，而是要正确地理解成语的意思，根据需要得体地使用。

为了学习起来更加方便，书后为所有的练习配备了答案。其中完成对话的答案只是参考，可以有不同的回答。

全书成语例句、例句和练习中较难的词语、综合练习都加有韩语翻译，便于学习者对照理解。

本教程力求提供成语使用的情境，全面展现成语的用法，希望对汉语学习者、教学者能有所帮助。

본 교재의 구성

■ 성어 뜻과 쓰임 익히기 Ⅰ, Ⅱ ■

매 과에 출현하는 각각 성어의 뜻을 설명하고, 문장에서의 쓰임에 따라 3～4개의 예문을 제시하였다.

■ 확인하기 Ⅰ, Ⅱ ■

〈성어 뜻과 쓰임 익히기 Ⅰ, Ⅱ〉에서 학습한 성어의 의미와 용법을 정확하게 이해하였는지 점검하기 위한 부분으로, 「빈 칸 채우기, 뜻에 근거한 알맞은 성어 쓰기, 각 문장의 빈 칸에 들어갈 알맞은 성어 쓰기」 등 다양한 형태의 문제 풀이를 제시하였다.

■ 실력향상을 위한 종합연습 ■

〈성어 뜻과 쓰임 익히기 Ⅰ, Ⅱ〉에서 학습한 성어를 정확하게 이해하였는지 〈확인하기 Ⅰ, Ⅱ〉에서 바로 점검한 후, 「성어를 활용해서 대화 완성하기, 단문의 빈 칸에 알맞은 성어 쓰기, 단문을 읽고 문제에 답하기」 등 문제를 제시하여 종합적인 이해 정도를 평가할 수 있도록 하였다.

■ 참고답안 ■

〈확인하기〉와 〈실력향상을 위한 종합연습〉의 참고답안을 제시하였다.

■ 해석 ■

〈성어 뜻과 쓰임 익히기Ⅰ, Ⅱ〉, 〈확인하기Ⅰ, Ⅱ〉와 〈실력향상을 위한 종합연습〉에 출현한 문장의 상세한 우리말 번역을 제시하여 학습자가 참고하도록 하였다.

■ 찾아보기 ■

매 과 각 단원에 출현한 성어를 한어병음 순으로 수록하여 쉽게 찾아볼 수 있도록 하였다.

目 次

第一课 一举两得 07
第二课 讨价还价 27
第三课 风土人情 45
第四课 日新月异 61
第五课 拔苗助长 77
第六课 滔滔不绝 95
第七课 见义勇为 111
第八课 爱不释手 129
第九课 画蛇添足 145
第十课 锲而不舍 161
第十一课 苦尽甘来 177
第十二课 继往开来 193
第十三课 恍然大悟 209
第十四课 半途而废 225

참고답안 / 241
해 석 / 253
찾아보기 / 303

学 而 时 习　温 故 知 新

第一课

一举两得

一举两得	一心一意	接二连三
三言两语	丢三落四	不三不四
三番五次	五颜六色	乱七八糟
七上八下	十全十美	千方百计

chapter 01

1. 성어 뜻과 쓰임 익히기

1. 一举两得 [yī jǔ liǎng dé]

举[jǔ]: 거동, 행위; 一举[yī jǔ]: 한 번의 행동, 한 차례의 동작. 한 가지 일을 하고 두 가지 이익을 얻다. 일거양득. 일석이조. 꿩 먹고 알 먹기.

① 你自己手写一张卡片送给老师，不但可以表达心意，还可以练习汉语，不是一举两得吗？

② 她用喝过的饮料瓶做了几个花瓶，既减少了垃圾，又可以插花，真是一举两得。

③ 下课后去打工，赚钱的同时还可以积累工作经验，这种一举两得的事情你为什么不做呢？

手写 shǒuxiě 동 손으로 쓰다. 친필로 기록하다. 친히 쓰다.

心意 xīnyì 명 마음. 성의. 생각.

既 jì 부 ……할 뿐만 아니라. ……이며. [‘又, 且, 也’ 등 부사와 호응하여 두 개의 성질 또는 상태가 존재하는 것을 나타냄.]

垃圾 lājī 명 쓰레기. 오물.

插花chāhuā 동 꽃을 꽂다. 꽃꽂이를 하다.

赚钱 zhuànqián 동 돈을 벌다. 이윤을 남기다. 보수를 받다.

积累 jīlěi 동 조금씩 쌓이다. 누적되다. 축적되다.

经验 jīngyàn 명 경험. 체험.

2. 一心一意 [yī xīn yī yì]

一[yī]: 하나의, 한결 같은. 마음이 한결같다. 일편단심으로. 전심전력으로. 전심으로. 오로지.

① 上高中后，他突然对英语产生了兴趣，一心一意要出国留学。

② 他的店只卖包子，他一心一意做包子，他要做全世界最好吃的包子。我从来没见过这样一心一意的人。

③ 结婚前他交过不少女朋友，不过结婚后，对妻子是一心一意的。

高中 gāozhōng 명 고등학교. [高级中学(gāojízhōngxué)]의 약칭.
包子 bāozi 명 (소가 든) 찐빵.
从来 cónglái 부 과거부터 지금까지. 여태껏. 이제까지. [주로 부정문에 쓰임.]
交 jiāo 동 사귀다. 교제하다. 왕래하다.

3. 接二连三 [jiē èr lián sān]

줄줄이 이어지다. 끊임없이 연속되다. 몇 번 연이어서. 잇따라. 연속적으로.

① 今年公司发展很快，接二连三的好消息传来，老板高兴得合不拢嘴。

② 我接二连三的问题让她不耐烦地皱起了眉头。

③ 你最近接二连三地犯错误，是不是遇到了什么麻烦？

④ 采访他的文章接二连三地见了报，他的人气迅速上升。

合不拢嘴 hébulǒngzuǐ 성 웃느라고 입을 다물지 못하다.

耐烦 nàifán 형 번거로움을 참다. 인내하다. 잘 참다. [주로 부정형으로 쓰임.]

皱 zhòu 동 찡그리다. 찌푸리다.

眉头 méitóu 명 미간. 양미간.

犯 fàn 동 저지르다. 범하다. (주로 잘못되거나 좋지 않은 일 등이) 발생하다.

采访 cǎifǎng 동 탐방하다. 인터뷰하다. 취재하다.

见报 jiànbào 동 신문에 나다〔게재되다〕.

人气 rénqì 명 인기.

4. 三言两语 [sān yán liǎng yǔ]

말이 적음을 뜻한다. 몇 마디 말. 두 세 마디 말.

① 他很适合当老师，因为不管多复杂的问题，他都能三言两语说明白。

② 我和他之间的事情，三言两语说不清楚，以后有机会我再仔细跟你说。

③ 他一直安静地听我们讨论，只是偶尔说个三言两语，或者提问，或者回答。

④ 会议主持人三言两语地介绍了会议的主题之后，大家就开始自由发言了。

适合 shìhé 동 적합하다. 알맞다. 적절하다. 어울리다.

不管 bùguǎn 접 ……을 막론하고. ……에 관계없이. [=不论] [뒤에 주로 '都, 总' 등의 부사와 호응하여 쓰임.]

偶尔 ǒu'ěr 부 때때로. 간혹. 이따금.

或者 huòzhě 접 ……를 하든지 아니면 ……을 한다. [여러 상황이 동시에 발생하거나 혹은 교차적으로 일어남을 나타냄.]

主持 zhǔchí 동 주관하다. 주재하다. 사회를 보다. [主持人(사회자, 진행자)]

5. 丢三落四 [diū sān là sì]

丢[diū]: 잃다, 잃어버리다; 落[là]: 빠뜨리다, 빠지다, 누락되다. 세심하지 못하거나 건망증이 심해서 이것저것 잘 잊어버리다. 이것저것 빠뜨리다. 실수가 많다.

① 因为睡眠不足，他经常丢三落四，早上出门不是忘了钱包就是忘了钥匙。

② 他总是丢三落四的，这是他今年丢的第三个手机了。

③ 他不是个丢三落四的人，怎么会把公司的文件丢在出租车上了呢？

④ 再仔细的人也有丢三落四的时候，你就不要骂他了。

睡眠 shuìmián 명 수면. 잠.

钥匙 yàoshi 명 열쇠.

骂 mà 동 욕하다. 질책하다. 꾸짖다.

6. 不三不四 [bù sān bù sì]

꼴이 말이 아니다. 단정하지 않다. 행실이 그르다. 이도 저도 아니다. 형편없다.

① 中学时，他不好好读书，经常和社会上不三不四的人一起打架、偷东西。

② 他经常在这一带干些不三不四的事，所以案件发生后，我们第一个就怀疑他。

③ 这篇文章被不同的人改来改去，最后反而改得不三不四的了。

④ 父母总说我打扮得不三不四的，其实他们不知道破洞牛仔裤、露脐装在年轻人中多么流行。

案件 ànjiàn 명 소송과 관련한 사건. 사안.
怀疑 huáiyí 동 의심하다. 의심을 품다.
……来……去 ……lái ……qù 이리저리 ……해 보다. ……하곤 하다. [같은 동사 또는 같은 뜻을 지닌 2개의 동사가 쓰여 동작이 끊임없이 반복됨을 나타냄.]
反而 fǎn'ér 부 반대로. 도리어. 거꾸로. 오히려. [앞 문장의 의미와 상반되거나 뜻밖임을 나타냄.]
其实 qíshí 부 기실. 사실.
牛仔裤 niúzǎikù 명 청바지.
露脐装 lùqízhuāng 명 배꼽티. 배꼽노출 의복.

참고하기

汉语有不少成语中含有数字，这些数字绝大多数是表示非确指的。"一"可以表示"少"，也可以表示"全、满"。"三"和"一、二"相比表示多，但和更大的数字相比表示"少"。"三"和"四"连用表示贬义，"三"和"五"连用表示"多"。"七"和"八"连用表示杂乱。"十"表示"圆满"。"百、千、万"表示"多"。

확인하기 I

1 빈 칸을 채우시오.

一____一____　　一____两____　　接二________　　三言________

丢三________　　________不四

2 뜻에 근거하여 알맞은 성어를 쓰시오.

(1) 形容话很少。 (　　　　　　)

(2) 形容心意专一。 (　　　　　　)

(3) 指不像样子，或者不正派。 (　　　　　　)

(4) 一个接着一个，连续不断。 (　　　　　　)

(5) 做一件事得到两方面的好处。 (　　　　　　)

(6) 形容人因为马虎或健忘，不是丢了这个，就是忘了那个。

(　　　　　　)

专一 zhuānyī 형 전일하다. 한결같다.

像样 xiàngyàng 형 일정 수준에 이르다. 그럴듯하다. [=像样子]

正派 zhèngpài 형 (품행이나 태도가) 단정하고 진지하다. 광명정대하다.

好处 hǎochù 명 사물 혹은 사람에 이로운 점. 장점. 좋은 점.

马虎 mǎhu 형 적당히 하다. 건성으로 하다. 세심하지 못하다. 소홀하다.

健忘 jiànwàng 형 쉽게 잊어버리다.

3 빈 칸에 들어갈 알맞은 성어를 쓰시오.

(1) 你总这么＿＿＿＿＿＿＿的，有多少东西也不够你丢的。

(2) 一年来，这条街上的小商店＿＿＿＿＿＿地关门，可见现在的经济情况非常不好。

(3) 受伤那段时间，不能出去，他干脆在家＿＿＿＿＿＿练起书法来，几个月下来竟然练得很有样子。

(4) 我跟他第一次见面的时间只有几分钟，话也就是＿＿＿＿＿＿，但却使我们开始了长达二十年的友谊。

(5) 以前这一带治安很好，可是最近常有一些＿＿＿＿＿＿的人在附近游荡，让人不安。

(6) 她认为去养老院做义工是＿＿＿＿＿＿的好事情，一来帮助了老人，二来她也打发了时间，不再觉得寂寞。

总 zǒng 부 늘. 줄곧. 언제나.
来 lái 명 동안. 이래. 과거부터 현재까지를 나타냄.
可见 kějiàn 접 앞 문장을 이어받아 판단하거나 결론을 내릴 수 있음을 나타냄. ……을 알 수 있다.
受伤 shòushāng 동 부상을 입다. 상처를 입다.
段 duàn 양 일정한 거리를 나타냄. 동안. 얼마간. 시기.
干脆 gāncuì 부 아예. 차라리.
下来 xiàlái 동 시간 명사 뒤에 쓰여 일정 시간이 끝나는 것을 나타냄. 종결되다.
竟然 jìngrán 부 뜻밖에도. 의외로. 상상 외로. 놀랍게도.
游荡 yóudàng 동 하릴없이 한가로이 빈둥거리다.
养老院 yǎnglǎoyuàn 명 양로원. 경로당.
义工 yìgōng 명 자원 봉사 활동.
打发 dǎfa 동 시간을 보내다.
一来 yīlái 접 첫째로는. ['来'는 '一, 二' 등 수사 뒤에 쓰여, '一来……, 二来……'의 형식으로 이유를 열거함.]
寂寞 jìmò 형 외롭다. 쓸쓸하다. 적막하다.

2. 성어 뜻과 쓰임 익히기

7. 三番五次 [sān fān wǔ cì]

番[fān]: 번, 차례, 바탕. 수차례. 거듭. 반복해서. 여러 번의. 다수의.

① 你三番五次地伤害她，你没有资格说爱她。

② 他三番五次地打电话过来请我帮忙，我不好意思拒绝。

③ 在父母三番五次的要求下，我只好同意休学，准备出国。

伤害 shānghài 동 신체조직 혹은 정신감정 등을 상하게 하다. 다치게 하다. 상처를 입히다.

要求 yāoqiú 명 요구. 요망.

只好 zhǐhǎo 부 할 수 없이. 어쩔 수 없이. 부득이.

8. 五颜六色 [wǔ yán liù sè]

색깔이 아롱다롱하고 모양이 다양하다. 각양각색이다. 여러 가지 빛깔.

① 这个小镇的房子五颜六色，看起来就像一个童话王国。

② 海滩上竖着五颜六色的遮阳伞，看来今天的游客数量不少。

③ 他已经有一大堆五颜六色的玩具了，再送他玩具没什么意思。

④ 他把房间的墙壁刷得五颜六色的，说这样的房间让他感觉有活力。

镇 zhèn 명 읍(邑) 정도에 해당하는 중국의 지방 행정 구획 단위의 하나. 진(鎭).

海滩 hǎitān 명 해변의 모래사장.

竖 shù 동 똑바로 세우다.

遮阳伞 zhēyángsǎn 명 양산. 파라솔.

游客 yóukè 명 여행객. 관광객. [=游人]

堆 duī 양 더미를 이루는 사물이나 무리를 이루는 사람에 쓰임. 무더기. 더미. 무리.

墙壁 qiángbì 명 벽돌, 돌, 혹은 흙 등으로 쌓아 만든 벽. 담장.

刷 shuā 동 솔로 칠하다.

活力 huólì 명 활력. 생기. 활기.

9. 乱七八糟 [luàn qī bā zāo]

매우 혼란하고 질서가 없다. 엉망진창이다. 뒤죽박죽이다. 아수라장이다.

① 别看她打扮得很漂亮，可她的房间永远都乱七八糟的。

② 他琴弹得乱七八糟，不过他唱歌真的非常好听。

③ 这么乱七八糟的文章，你好意思说是认认真真花了一天时间写的？

别看 biékàn 접 단문을 연결하여 양보 관계를 나타냄. ……라고 생각하지 마라. ……이나. ……지만.

打扮 dǎban 동 화장하다. 치장하다. 단장하다.

好意思 hǎoyìsi 동 부끄러워하지 않다. 창피스러워하지 않다. 미안해하지 않다. 쑥스러워하지 않다. [주로 반어문에 쓰임.]

10. 七上八下 [qī shàng bā xià]

마음이 허둥대고 불안하다. 안절부절못하다. 가슴이 두근두근하다.

① 我嘴上说得信心十足，其实心里七上八下，一点儿把握也没有。

② 这个坏消息该怎么说才不会太刺激老人呢？我心里七上八下地拿不定主意。

③ 这次考试我复习得不充分，直到看到成绩单，我那颗七上八下的心才安定下来。

④ 医生说得我心里七上八下的，决心从明天开始戒烟戒酒，过健康的生活。

信心 xìnxīn 명 자신감. 확신. 신념. 믿음.

十足 shízú 형 충분하다. 충족하다. 넘쳐흐르다.

刺激 cìjī 동 자극하다. 고무하다. 북돋우다. 흥분시키다.

拿不定 nábbudìng 주저하다. 결정하지 못하다.

主意 zhǔyi 명 의견. 견해. 생각. 결심.

不禁 bùjīn 부 자기도 모르게. 절로. 참지 못하고. 견디지 못하고.

颗 kē 양 둥글고 작은 알맹이 모양과 같은 것을 세는 데 쓰임. 알. 방울.

11. 十全十美 [shí quán shí měi]

十全[shíquán]: 완전무결하다; 美[měi]: 좋다, 훌륭하다. 모든 방면에 완전무결하여 나무랄 데가 없다. 완전하다.

① 如果你觉得这个制度十全十美，那么很可能是你对它的了解不全面。

② 人都有优点有缺点，十全十美，毫无缺点的人你找得到吗？

③ 我不可能写出一个十全十美的计划，只要比其他人的好就行了。

④ 他的性格就是这样，每件事都要做得十全十美，所以很累。

如果 rúguǒ 접 가정을 나타냄. 만약. 만일.

全面 quánmiàn 형 전면적이다. 전반적이다.

优点 yōudiǎn 명 장점.

缺点 quēdiǎn 명 결점. 단점. 부족한 점.

毫无 háowú 동 조금도〔전혀〕……이 없다.

只要 zhǐyào 접 ……하기만 하면. [이어지는 아래 문장에 자주 '就, 便' 등이 호응함.]

12. 千方百计 [qiān fāng bǎi jì]

方[fāng]: 방법, 방식; 计[jì]: 계획, 계략, 계책, 방책. 모든 수단과 방법을 다하다. 모든 방법. 모든 계략.

① 我千方百计才弄到两张票，你竟然不去看？

② 那位司机千方百计找到失主，把行李箱归还给他。

③ 他是个极有责任心的人，只要是交给他的任务，他会千方百计地完成。

失主 shīzhǔ 명 분실자. 도둑맞은 물건의 주인.

归还 guīhuán 동 돌려주다. 반환하다.

责任心 zérènxīn 명 책임감.

확인하기 Ⅱ

1 빈 칸을 채우시오.

____番____次　　________六色　　乱________糟　　七上________

十____十____　　千方________

2 뜻에 근거하여 알맞은 성어를 쓰시오.

(1) 一再，多次。　(　　　　)

(2) 形容想尽一切办法。　(　　　　)

(3) 形容心里慌乱不安。　(　　　　)

(4) 各方面都非常完美，毫无欠缺。　(　　　　)

(5) 形容色彩繁多。引申为各色各样。　(　　　　)

(6) 形容非常混乱，没有条理和秩序。　(　　　　)

慌乱 huāngluàn 형 허둥거리다. 허둥대다. 산란하다.

完美 wánměi 형 완미하다. 완전하여 흠잡을 데가 없다. 완전무결하다.

欠缺 qiànquē 명 부족한 점. 흠. 결점.

繁多 fánduō 형 (종류가) 많다. 풍부하다. 다양하다.

引申 yǐnshēn 동 (글자, 단어가) 원 뜻으로부터 새로운 뜻이 파생되다.

条理 tiáolǐ 명 (생활, 일 등의) 질서. 짜임새. 체계.

3 빈 칸에 들어갈 알맞은 성어를 쓰시오.

(1) 他＿＿＿＿＿＿地来信邀请我去他家乡游玩，我打算今年夏天去。

(2) 今天是国庆节，广场上到处挂着＿＿＿＿＿＿的彩旗，节日气氛浓厚。

(3) 现在竞争很激烈，我们公司＿＿＿＿＿＿降低成本，才生存下来。

(4) 最近我的生活中发生了很多＿＿＿＿＿＿的事情，让我没有办法集中精神读书。

(5) 他想来想去，觉得哪种办法都有问题，搞得心里＿＿＿＿＿的，没有主意。

(6) 世界上就没有＿＿＿＿＿＿的事，有钱的人没有时间，有时间的人没钱。

邀请 yāoqǐng 동 초청하다. 초대하다.
游玩 yóuwán 동 유람하며 즐기다. 돌아다니며 감상하다.
彩旗 cǎiqí 명 채색 깃발. 오색 깃발.
气氛 qìfēn 명 분위기.
浓厚 nónghòu 형 (색채, 의식, 분위기 등이) 강하다. 농후하다. 짙다.
激烈 jīliè 형 (동작, 말이) 격렬하다. 치열하다. 맹렬하다.
降低 jiàngdī 동 내리다. 낮추다. 인하하다.
成本 chéngběn 명 원가. 자본금.

실력향상을 위한 종합연습

1 성어를 활용하여 대화를 완성하시오.

(1) A: 你这么年轻，就取得了这么大的成就，能给我们说说有什么秘诀吗？

B: ________________________________。（一心一意）

(2) A: 这条路越来越堵，原来上下班只要半个多小时，现在要一个多小时，再加上最近总是加班，没时间运动，我都长胖了两公斤了。

B: ________________________________。（一举两得）

(3) A: 你为什么特别喜欢听王教授的课？

B: ________________________________。（三言两语）

(4) A: 医生说王立的肺有问题，要求他戒烟，可是他说戒烟太难。

B: ________________________________。（千方百计）

秘诀 mìjué 명 비결. 비장의 방법.

堵 dǔ 동 막다. 틀어막다. 가로막다.

加上 jiāshàng 접 게다가, 그 위에.

长胖 zhǎngpàng 동 살찌다. 뚱뚱해지다.

肺 fèi 명 허파. 폐.

要求 yāoqiú 동 요구하다. 요망하다.

戒烟 jièyān 동 담배를 끊다.

2 빈 칸에 알맞은 성어를 써넣으시오.

丁晴非常喜欢园艺。一有空闲，她就会在院子里__________地照顾她的花儿。在她的精心照料下，一年四季，她的院子里都开满了__________的花儿。可是一天早上醒来，她发现院子里__________的，很多花儿都倒在地上。这是怎么回事呢？

一……就…… yī……jiù…… 두 가지 일이 시간상 앞뒤로 이어짐을 나타냄. ……하기만 하면 ……하다. ……하자마자 ……하다.

园艺 yuányì 명 채소, 과일, 수목 등을 심어서 가꾸는 기술. 원예.

空闲 kòngxián 명 여가. 짬. 자유 시간. 한가한 시간.

精心 jīngxīn 형 정성을 들이다. 몹시 조심하다.

照料 zhàoliào 동 돌보다. 보살피다. 뒷바라지하다.

倒 dǎo 동 (사람 혹은 바로 서 있던 물건이) 옆으로 넘어지다. 자빠지다. 쓰러지다.

3 단문을 읽고 내용에 근거하여 문제에 답하시오.

李强做事马虎，经常丢三落四。以前他总觉得没有人是十全十美的，丢三落四不算大毛病。可是，最近他接二连三地出错，昨天竟然把公司的一份重要文件落在出租车上了。李强千方百计才把文件找回来，尽管没有造成严重后果，不过这件事终于让他下定决心，改掉丢三落四的毛病。

(1) 李强有什么样的特点？

(2) 李强以前为什么不肯改掉自己的毛病？

(3) 最近李强发生了什么事？

(4) 李强为什么决心改掉自己的毛病了？

毛病 máobìng 명 결점. 단점. 약점. 나쁜 버릇.

出错 chūcuò 동 실수를 하다.

尽管 jǐnguǎn 접 우선 어떤 사실을 인정하고, 이어지는 아래 문장에는 자주 '但是, 然而, 还是' 등 전환 관계를 나타내는 접속사가 호응함. 비록 〔설령〕 ……라 하더라도. ……에도 불구하고.

造成 zàochéng 동 형성하다. 조성하다. 만들다. (좋지 않은 결과를) 초래하다. 야기하다. 발생시키다.

严重 yánzhòng 형 정도가 매우 심하다. 대단하다. 영향이 엄중하다. [주로 부정적인 부분을 가리킴.]

后果 hòuguǒ 명 최후의 결과. 뒤탈. [주로 안 좋은 방면에 쓰임.]

终于 zhōngyú 부 마침내. 결국. 끝내.

决心 juéxīn 명 결심. 결의. 다짐. [下决心(결심하다)]

동 결심하다. 결의하다. 다짐하다.

肯 kěn 동 기꺼이 …… (하려) 하다.

改 gǎi 동 고치다. 바꾸다.

掉 diào 동 일부 동사의 뒤에 쓰여 동작의 결과를 나타냄. [改掉(고쳐 버리다)]

第二课

讨价还价

讨价还价	物美价廉	供不应求
东张西望	见多识广	想方设法
咬牙切齿	无可奈何	众所周知

chapter 02

1. 성어 뜻과 쓰임 익히기

1. 讨价还价 [tǎo jià huán jià]

상품을 사고 팔 때 팔 사람은 높은 가격을 요구하고 살 사람은 낮은 가격을 주려고 하는데, 쌍방이 반복적으로 논쟁하는 것을 말한다. 흥정하다. 값을 에누리하다. 임무를 받아들이거나 혹은 협상을 진행할 때 반복적으로 각종 조건을 내세우는 것을 비유한다.

① 他买东西从来不**讨价还价**，他觉得为了几块钱**讨价还价**太丢面子。

② 经过一次次**讨价还价**，她最终以原价的六折买下了那件衣服。

③ 这次会议就是一个**讨价还价**的过程，最终双方就合作条件达成了一致。

④ 今天你必须写完这篇文章，下午五点以前交给我，没有**讨价还价**的余地。

讨 tǎo 동 요구하다. 청구하다. 재촉하다. 빌다. 바라다. ['讨价'는 '팔 사람이 높은 가격으로 부르는 가격. 팔 사람이 값을 부르다'라는 뜻.]

还 huán 동 다른 사람이 자신에게 한 행위에 대해서 돌려주다(복수하다). ['还价'는 '살 사람이 팔 사람이 높게 부른 가격보다 낮게 부르는 가격. 값을 깎다. 에누리하다'라는 뜻.]

丢面子 diūmiànzi 체면을 잃다. 창피를 당하다.

最终 zuìzhōng 명 최후. 최종. 맨 마지막.

余地 yúdì 명 말, 행동 등을 할 때 남겨두는 융통할 수 있는 여지.

2. 物美价廉 [wù měi jià lián]

廉[lián]: (가격이) 싸다. 상품의 가격이 저렴하고, 품질도 좋다. 자주 상점의 선전 문구로 사용됨.

① 这个市场的商品**物美价廉**，因此周末时不少人从很远的地方赶过来买东西。

② 妈妈常常看超市的广告，然后在打折的时候买回来很多**物美价廉**的生活用品。

③ 虽然他现在非常有钱，但他**物美价廉**的消费观并没有改变，很少买奢侈品。

赶 gǎn 동 가다. 어떤 곳에 이르다.

打折 dǎzhé 동 가격을 깎다. 디스카운트하다.

奢侈 shēchǐ 형 사치하다. 낭비하다. [奢侈品(사치품)]

3. 供不应求 [gōng bù yìng qiú]

供[gōng]: 공급(하다); 应[yìng]: 순응하다, 부합하다, 적응하다; 求[qiú]: 수요, 요구. 공급이 수요를 따르지 못하다. 공급이 수요를 충족시킬 수 없다.

① 尽管这家店的蛋糕比别家稍贵，但因为材料好口味好，所以常常供不应求。

② 前些年，因为经济快速发展，MBA 毕业生供不应求。

③ 这个品牌的手机在全球大受年轻人欢迎，甚至出现了供不应求的情况。

口味 kǒuwèi 명 음식의 맛. 향미. 풍미.

品牌 pǐnpái 명 상표. 브랜드.

甚至 shènzhì 부 심지어. ……까지도. ……조차도.

4. 东张西望 [dōng zhāng xī wàng]

张[zhāng]: 보다, 바라보다. 사방을 두리번거리다. 여기저기 바라보다.

① 孩子第一次来迪士尼乐园，一进门就**东张西望**，对什么都充满了好奇。

② 两个人**东张西望**地从商店里走出来，神情紧张，引起了警察的注意。

③ 站在电影院门口**东张西望**的那个姑娘，看起来很着急，肯定是她约的人迟到了。

迪士尼乐园 DíshìníLèyuán 명 디즈니랜드(Disneyland, 로스앤젤레스 교외에 있는 세계 최고 수준의 어린이 놀이터).

引起 yǐnqǐ 동 하나의 일, 현상, 활동이 또 하나의 다른 일, 현상, 활동을 야기하다. 일으키다. 주의를 끌다.

肯定 kěndìng 부 확실히. 틀림없이. 의심할 여지없이.

约 yuē 동 약속하다. 조약하다. 약정하다.

참고하기

"东X西Y"是一种固定格式，X和Y是意思相近的动词。整个格式的意思是"到处XY"，可以用来形容辛苦或者没有目的地乱做的意思。常见的有"东奔西跑、东张西望、东倒西歪、东涂西抹、东拼西凑、东拉西扯"等等。

확인하기 I

1 빈 칸을 채우시오.

____价____价　　物____价____　　供不________　　____张____望

2 뜻에 근거하여 알맞은 성어를 쓰시오.

(1) 四处张望。　(　　　　)

(2) 供应不能满足需求。　(　　　　)

(3) 东西价钱便宜，质量又好。　(　　　　)

(4) 比喻在进行谈判时反复争议，或接受任务时讲条件。　(　　　　)

四处 sìchù 명 사방. 여러 곳. 도처.

张望 zhāngwàng 동 두리번거리다. 주위를 둘러보다. 먼 곳을 보다.

供应 gōngyìng 동 제공하다. 공급하다. 보급하다.

需求 xūqiú 명 수요. 필요.

质量 zhìliàng 명 생산품 혹은 일의 우열 정도. 품질.

反复 fǎnfù 부 거듭. 반복하여. 되풀이하여.

争议 zhēngyì 동 쟁의하다. 논의하다. 논쟁하다.

接受 jiēshòu 동 받아들이다. 수락하다. 접수하다.

讲 jiǎng 동 협의하다. 상의하다. 의논하다. 교섭하다.

3 빈 칸에 들어갈 알맞은 성어를 쓰시오.

(1) 那个人在货架前来回走动，并不时地＿＿＿＿＿＿＿＿，十分可疑。

(2) 所有的学习和练习都是为了你自己的将来，不是为了老师，你为什么要和老师＿＿＿＿＿＿＿＿呢？

(3) 他在中国留学了一年，回国前打算买一些＿＿＿＿＿＿的传统礼品回去送给亲友。

(4) 随着生活水平的提高和旅游业的发展，每到节假日，中高档酒店的房间都＿＿＿＿＿＿＿＿。

(5) 对她来说，买菜的时候＿＿＿＿＿＿是一种乐趣，并不是真的为了节省几块钱。

货架 huòjià 명 화물 수납장.
来回 láihuí 부 반복하여. 여러 차례.
走动 zǒudòng 동 걷다. 움직이다.
不时 bùshí 부 자주. 늘. 종종.
可疑 kěyí 형 의심스럽다. 수상하다.
随着 suízhe 개 ……따라서. ……뒤이어.
节假日 jiéjiàrì 명 명절과 휴일. 경축일과 휴일.
高档 gāodàng 형 고급의. 상등의.
节省 jiéshěng 동 아끼다. 절약하다.

2. 성어 뜻과 쓰임 익히기

5. 见多识广 [jiàn duō shí guǎng]

识[shí]: 알다, 이해하다, 체득하다. 보고 들은 것이 많고 식견도 넓다. 박식하고 경험이 많다. 박학다식하다.

① 尽管要坐七八个小时的火车，但同行的几个都是**见多识广**的人，所以旅途并不无聊。

② 她从小跟着父母在世界各地旅行，**见多识广**，也因此决定要做与文化交流有关的工作。

③ 他来自大城市，自以为**见多识广**，常常嘲笑那些来自小地方的同学。

同行 tóngxíng 동 함께 가다. 동행하다.

旅途 lǚtú 명 여정. 여행 도중.

无聊 wúliáo 형 무료하다. 따분하다. 지루하다. 심심하다

有关 yǒuguān 동 관계가 있다. 관련이 있다. 연관되다.

自 zì 대 자기. 자신.

개 ……에서부터. ……에서 시작하여.

嘲笑 cháoxiào 동 비웃다. 놀리다. 비아냥거리다.

6. 想方设法 [xiǎng fāng shè fǎ]

方[fāng]: 방법, 방식; 设[shè]: 준비하다, 계획하다; 法[fǎ]: 방법, 방식. 온갖 방법을 다 생각하다. 갖은 방법을 다하다.

① 如果你需要钱，就应该**想方设法**去挣，而不是借。

② 我们**想方设法**联系上了国内最好的外科医生，尽快给你动手术。

③ 为了让他更有自信，我们总是**想方设法**地表扬他、鼓励他。

挣 zhèng 동 노력하여 얻다.

尽快 jǐnkuài 부 되도록 빨리.

动手术 dòngshǒushù 수술하다.

表扬 biǎoyáng 동 칭찬하다. 표창하다.

鼓励 gǔlì 동 격려하다. 용기를 북돋우다.

7. 咬牙切齿 [yǎo yá qiè chǐ]

咬牙[yǎoyá]: 이를 악물다, 이를 악물고 참다; 切齿[qièchǐ]: 이를 갈다, 원한이 깊이 사무치다. 윗니와 아랫니를 꽉 다물다. 격분하여 이를 부득부득 갈다. 몹시 증오하고 혐오하다.

① 我太调皮，不过即使有时候父亲气得**咬牙切齿**，也没有动手打过我。

② 他**咬牙切齿**地把我大骂了一顿，平静下来后，才开始商量解决的办法。

③ 他指着我，**咬牙切齿**地说："滚！我这辈子也不想看见你了！"

④ 看他**咬牙切齿**的样子，我真的担心他会随时扑过来打我一顿。

调皮 tiáopí 형 장난스럽다. 장난이 심하다. 짓궂다.

即使 jíshǐ 접 가설 겸 양보를 나타냄. 설령 ……하더라도〔할지라도, 일지라도〕. ['即使'가 나타내는 조건은 아직 실현되지 않은 일일 수도 있고, 기정사실과 상반되는 일일 수도 있음.]

动手 dòngshǒu 동 손을 대다.

大 dà 부 매우. 대단히. 몹시. 완전히. 철저히.

顿 dùn 양 식사, 질책, 권고 등을 세는 단위. 번. 차례. 끼. 바탕.

滚 gǔn 동 저리가. 꺼져. 떠나. [질책의 의미를 내포함.]

辈子 bèizi 명 한평생. 일생. 생애.

随时 suíshí 부 수시로. 언제나. 아무 때나. 때를 가리지 않고.

扑 pū 동 돌진하여 덮치다. 갑자기 달려들다. 뛰어들다.

8. 无可奈何 [wú kě nài hé]

奈何[nàihé]: 어찌하다, 어떻게 하다. 어찌할 도리가 없다. 방법이 없다. 속수무책이다. 대책을 강구해 볼 도리가 없다.

① 他退了学去创业，父母虽然不赞同，但也无可奈何。

② 面对这种不公平的结果，有的人怒气冲冲，他则显得无可奈何。

③ 不管医生怎么劝说，他都不肯住院，医生只能无可奈何地给他开了些药。

④ 该努力的地方我们都努力了，如果最后还是失败了，那也是无可奈何的事。

奈何 nàihé 동 어찌하다. 어떻게 하다. [=怎么办] [반어문 혹은 부정문에 쓰임.]

虽然 suīrán 접 비록 ……하지만. 설령 ……일지라도. [앞 구절에 쓰이며, 이어지는 아래 구절에는 자주 '可是, 但是' 등이 호응하여 쓰임.]

赞同 zàntóng 동 찬성하다. 동의하다.

面对 miànduì 동 마주 보다. 마주 대하다. 직접 대면하다.

怒气冲冲 nùqìchōngchōng 성 노발대발하다. 노기등등하다.

劝说 quànshuō 동 타이르다. 설득하다.

开药 kāiyào 약을 처방하다.

还是 háishi 부 그래도. 끝내. 아직도. 변함없이.

9. 众所周知 [zhòng suǒ zhōu zhī]

众[zhòng]: 많은 사람; 周[zhōu]: 전반적인, 보편적인. 모든 사람이 다 알고 있다. 모든 사람이 다 주지하고 있다.

① **众所周知**，中国的许多产品都以物美价廉出名。

② 这个情况**众所周知**，你不用说了，直接说你今天来的目的吧。

③ 虽然已经废除了贵族阶层，但谁家属于上层社会仍是**众所周知**的事情。

出名 chūmíng 동 명성을 드러내다. 유명해지다. 이름을 날리다.

直接 zhíjiē 형 직접적인.

废除 fèichú 동 취소하다. (법령, 제도, 조약 등을) 폐지하다.

阶层 jiēcéng 명 계층. 집단. 계급. 부류.

属于 shǔyú 동 ……에 속하다. ……의 소유이다.

仍是 réngshì 부 여전히. 아직도.

확인하기 Ⅱ

1 빈 칸을 채우시오.

想方________　　无可________　　见____识____　　咬____切____

众所________

2 뜻에 근거하여 알맞은 성어를 쓰시오.

(1) 没有办法。　　(　　　　　)

(2) 许多人都知道。　　(　　　　　)

(3) 形容极端痛恨或仇恨。　　(　　　　　)

(4) 形容见识广，阅历深。　　(　　　　　)

(5) 积极动脑筋，想尽种种办法。　　(　　　　　)

极端 jíduān [부] 아주. 지극히. 대단히. 극도로

痛恨 tònghèn [동] 몹시 증오하다. 극도로 미워하다.

仇恨 chóuhèn [동] 몹시 증오하다. 혐오하다.

见识 jiànshi [명] 견문. 지식. 견해. 경험.

阅历 yuèlì [명] 경험. 체험.

动脑筋 dòngnǎojīn 머리를 쓰다. 골똘히 생각하다. 깊이 사고하다.

想尽 xiǎngjìn 생각할 수 있는 것은 다 생각해 보다.

3 빈 칸에 들어갈 알맞은 성어를 쓰시오.

(1) ____________，吸烟有害健康，为什么还有那么多人吸烟呢？

(2) 他和陈红究竟有什么矛盾？每次一提起陈红，他就恨得____________。

(3) 办公室十几个人数老王最____________，因此有事时，大家都愿意听老王的意见。

(4) 这个活动很有意义，我们要____________动员所有学生都参与这次活动。

(5) 劝了半天也没有效果，他____________地说："你们想怎么办就怎么办吧。"

(6) 生活中总有一些事情是你____________的，你只能____________地接受这个现实。

有害 yǒuhài 동 유해하다. 해롭다.

究竟 jiūjìng 부 도대체. 대관절.

矛盾 máodùn 명 갈등. 대립. 배척. 불화.

提 tí 동 말을 꺼내다. 말을 하다. 언급하다.

起 qǐ 동 동사 뒤에 쓰여 동작이 사람 또는 일에 미치는 것을 나타냄. [提起(말을 꺼내다, 언급하다)]

恨 hèn 동 원망하다. 증오하다. 적대시하다. 원수로 여기다.

数 shǔ 동 계산이나 비교 했을 때 (가장 뛰어나다). 제일이다.

动员 dòngyuán 동 어떤 활동에 참가하도록 동원하다. 설득하다.

劝 quàn 동 권하다. 타이르다. 설득하다.

半天 bàntiān 명 한참.

실력향상을 위한 종합연습

1 성어를 활용하여 대화를 완성하시오.

(1) A: 你当了一年警察了，现在能一眼看出一群人旦哪个可能是小偷吗？

B: ____。（东张西望）

(2) A: 这出音乐剧非常精彩，我早就想去看了。可是它太受欢迎了，票很难买。

B: ____。（想方设法）

(3) A: 昨天回家你跟你爸爸说你不想上学了，他什么反应？

B: ____。（咬牙切齿）

(4) A: 他看起来很普通，没什么特别的地方，你为什么总喜欢去找他？

B: ____。（见多识广）

当 dāng 동 담당하다. 충당하다. ……이［가］ 되다.

群 qún 양 무리를 이루는 사람 혹은 물건에 쓰임. 무리. 떼.

出 chū 양 전기(傳奇) 중의 일회(一回). 극, 오페라, 영화 따위의 일 막(一幕).

音乐剧 yīnyuèjù 명 뮤지컬.

早就 zǎojiù 부 벌써. 일찌감치. 진작.

受欢迎 shòu huānyíng 환영을 받다. 인기가 있다.

反应 fǎnyìng 명 반응.

普通 pǔtōng 형 보통이다. 평범하다. 일반적이다.

2 빈 칸에 알맞은 성어를 써넣으시오.

我们这儿有很繁华的商业区，不过＿＿＿＿＿＿，本地人买东西最爱去的还是东门市场。那里不仅货品齐全，而且＿＿＿＿＿＿。有时间有心情的话，你还可以和摊主＿＿＿＿＿＿，充分享受购物的乐趣。

繁华 fánhuá 형 (도시, 상점가가) 번화하다.
本地 běndì 명 본고장. 본지. 이 곳. [本地人(본고장 사람)]
货品 huòpǐn 명 상품. 물품. 화물.
齐全 qíquán 형 완비하다. 완벽히 갖추다.
的话 dehuà 조 가정의 어기를 나타냄. ……하다면. ……이면.
摊主 tānzhǔ 명 노점상.
充分 chōngfèn 부 충분히. 완전히. 십분.
享受 xiǎngshòu 동 누리다. 향유하다. 즐기다.
购物 gòuwù 동 물품을 구입하다. 물건을 사다.

3 단문을 읽고 내용에 근거하여 문제에 답하시오.

我无意中发现了一家新开的工艺品店。店里所有的工艺品都是店主亲自设计、亲手制作的，据说有不少款式都**供不应求**。我去过很多地方，也算是**见多识广**的人，不过仍然惊叹于店主独特的设计和风格。我看中了不少，可是这些工艺品并不属于**物美价廉**的那一类，店主也不接受**讨价还价**，真让人**无可奈何**。但最终我还是买了三件。

(1) 这家工艺品店的生意好吗？为什么？

(2) 从短文中如何得知这家店的东西确实非常特别？

(3) 为什么"我"只买了三件工艺品？

无意 wúyì 부 무의식중에. 무심결에. 뜻밖에. 본의 아니게.
亲自 qīnzì 부 직접 (하다). 손수. 친히.
设计 shèjì 동 설계하다. 디자인하다.
亲手 qīnshǒu 부 자기 손으로 (하다). 직접. 손수.
据说 jùshuō 동 다른 사람의 말에 의하면 ……라 한다.
款式 kuǎnshì 명 스타일. 타입. 양식.
算是 suànshì 동 ……인 셈이다. ……으로 치다. ……로 간주하다.
惊叹 jīngtàn 동 몹시 놀라며 감탄하다. 경탄하다.
看中 kànzhòng 동 마음에 들다. 좋아하다. 매혹되다.
生意 shēngyi 명 장사. 영업. 사업.
如何 rúhé 대 어떻게. 어찌하면.
得知 dézhī 동 알게 되다. 이해하다. 알다.

第三课

风土人情

风土人情	名胜古迹	飞禽走兽
悬崖峭壁	波涛汹涌	得天独厚
丰富多彩	举世闻名	络绎不绝

chapter 03

1. 성어 뜻과 쓰임 익히기

1. 风土人情 [fēng tǔ rén qíng]

风土[fēngtǔ]: 한 곳이 특별히 가지고 있는 자연환경과 풍속, 습관 등의 통칭; 人情[rénqíng]: 예절, 교제 등에서의 습관과 풍속. 한 지방의 고유한 자연환경과 풍습. 풍토와 인심. 환경과 풍속.

① 她来信只说她到了，写了一些那里的风土人情，并没有说她自己的近况。

② 这种社交场合不适合深谈，只适合闲聊几句各地的风土人情。

③ 他是个见多识广的人，对各个国家的风土人情都非常熟悉。

来信 láixìn 동 편지를 보내오다.

近况 jìnkuàng 명 근황. 최근의 사정.

场合 chǎnghé 명 특정한 시간, 장소, 상황.

适合 shìhé 동 적합하다. 부합하다. 알맞다.

深谈 shēntán 동 깊게 이야기하다. 심각하게 이야기하다.

闲聊 xiánliáo 동 한담하다. 잡담하다.

熟悉 shúxi 동 분명하게 이해하다. 충분히 알다.

2. 名胜古迹 [míng shèng gǔ jì]

풍경이 아름답거나 고대 유적이 있는 유명한 곳. 명승고적. 각지 관광 명소.

① 西湖不仅仅是一个湖，它的周围有大量的名胜古迹。

② 北京著名的名胜古迹有长城、故宫、天坛等等，都值得去看看。

③ 春节期间，全家人一起去旅行，游览名胜古迹，已经成为新的过年方式。

仅仅 jǐnjǐn 부 어떤 범위에 국한되는 것을 나타내며, 의미는 '只'와 같지만 더욱 강조함. 단지. 겨우. 간신히. ……만. ……뿐.

周围 zhōuwéi 명 주위. 주변.

著名 zhùmíng 형 저명하다. 유명하다.

值得 zhídé 동 ……할 만한 가치가 있다. 값에 상응하다. 값이 ……할 만하다.

游览 yóulǎn 동 (명승지, 풍경 등을) 유람하다.

成为 chéngwéi 동 ……이〔가〕되다. …… (으)로 되다.

过年 guònián 동 설을 쇠다. 새해를 맞다.

3. 飞禽走兽 [fēi qín zǒu shòu]

禽[qín]: 조류. [飞禽(날짐승)]; 兽[shòu]: 짐승. [走兽(길짐승. 주수)]. 금수. 조수. 날짐승과 길짐승.

① 下了一夜大雪，早上起来，外面白茫茫一片，看不见任何飞禽走兽。

② 这本书详细介绍了这个自然保护区的各种飞禽走兽和奇花异草。

③ 这座山以奇石出名，山上的石头形态各异，有的像人，有的像飞禽走兽。

白茫茫 báimángmáng 형 온통 끝없이 하얗다. [주로 구름, 안개, 눈, 큰물 등에 쓰임.]

任何 rènhé 대 어떠한. 무슨.

详细 xiángxì 형 상세하다. 자세하다. 세세하다.

奇花异草 qíhuāyìcǎo 성 진귀한 화초. 보기 드문 화초.

座 zuò 양 부피가 크거나 고정된 물체를 세는 단위. 좌. 동. 채.

各异 gèyì 형 제각기 다르다.

4. 悬崖峭壁 [xuán yá qiào bì]

悬崖[xuányá]: 현애, 낭떠러지, 벼랑; 峭壁[qiàobì]: 벽처럼 깎아지른 절벽, 깎은 듯 가파른 낭떠러지, 벼랑. 산세가 험준하다. 깎아지른 것 같은 절벽.

① 四面都是高山，两边是悬崖峭壁，没有其他的路可走，我们只能継续向前。

② 这种草药只生长在悬崖峭壁上，产量少，采摘危险，所以十分昂贵。

③ 他们的爱好就是攀爬悬崖峭壁，每年都会去挑战世界上不同地方的悬崖峭壁。

四面 sìmiàn 명 동서남북. 주위.
只能 zhǐnéng 다만 ……할 수 있을 뿐이다. ……할 수밖에 없다.
草药 cǎoyào 명 약초. 초약.
采摘 cǎizhāi 동 (꽃, 열매, 잎 등을) 따다. 뜯다. 채취하다.
昂贵 ánggui 형 비싸다.
攀爬 pānpá 동 물건을 잡고 위로 오르다. 무엇을 붙잡고 기어오르다.
挑战 tiǎozhàn 동 도전하다.

5. 波涛汹涌 [bō tāo xiōng yǒng]

波涛[bōtāo]: 큰 파도, 큰 물결; 汹涌[xiōngyǒng]: 물이 용솟음치다, 세차게 위로 치솟다, 물이 용솟음치고 출렁이는 모양. 파도가 세차게 일다. 물결이 거세다.

① 在波涛汹涌的大海上航行，需要的不仅是技术，还需要勇气。

② 他渴望结婚，有自己的家。即使外面的世界波涛汹涌，回到家却是安宁的。

③ 就算他现在内心万分激动，犹如波涛汹涌，脸上也不能表现出一丝一毫。

航行 hángxíng 동 배가 물위에서 운항하다. 비행기, 우주선이 공중이나 우주에서 비행하다.

就算 jiùsuàn 접 설령〔설사〕 ……하더라도〔할지라도, 일지라도〕. [=即使] [뒤에 주로 '也'가 호응함.]

万分 wànfēn 부 대단히. 극히. 매우.

激动 jīdòng 동 (감정 등이) 격하게 움직이다. 감격하다. 흥분하다.

犹如 yóurú 동 마치 ……와〔과〕 같다.

一丝一毫 yīsīyīháo 성 털끝만큼. 추호. 아주 조금.

확인하기 I

1 빈 칸을 채우시오.

________人情　　名胜________　　____禽____兽　　悬____峭____

波涛________

2 뜻에 근거하여 알맞은 성어를 쓰시오.

(1) 各种鸟兽。 (　　　　)

(2) 形容山势险峻。 (　　　　)

(3) 形容水势盛大，奔腾起伏。 (　　　　)

(4) 某一地区特有的自然环境和风俗习惯。 (　　　　)

(5) 风景优美或有古代遗迹的著名地方。 (　　　　)

山势 shānshì 명 산세. 산의 형세. 산의 기세.

险峻 xiǎnjùn 형 험준하다. (산세가) 높고 험하다.

水势 shuǐshì 명 수세. 물의 형세〔기세〕. 물살.

盛大 shèngdà 형 성대하다.

奔腾 bēnténg 동 (물이) 거세게 흐르다.

起伏 qǐfú 동 기복을 이루다.

优美 yōuměi 형 우미하다. 우아하고 아름답다.

3 빈 칸에 들어갈 알맞은 성어를 쓰시오.

(1) 他站在江边，望着__________的江水，心情却渐渐平静下来。

(2) 会议结束后，主办方还安排参会的代表们游览了当地的__________。

(3) 站在半山腰向上看去，我不禁好奇，古人是怎样在__________上开凿出一条路来的？

(4) 他的手非常灵巧，能用细软的草编出各种__________，每一个都像真的一样。

(5) 这部长达二十小时的纪录片充分展示了中国的__________、生活方式和经济发展。

(6) 大海是迷人的，变化不定的，上一刻还风平浪静，下一刻却__________。

平静 píngjìng 형 고요하다. 차분하다. 평온하다.

主办 zhǔbàn 동 주최하다. [主办方 (주최자)]

半山腰 bànshānyāo 명 산허리. 산 중턱. [=山腰]

好奇 hàoqí 형 호기심을 갖다. 궁금하게 생각하다.

开凿 kāizáo 동 (수로나 터널 등을) 뚫다. 파다. 굴착하다.

灵巧 língqiǎo 형 민첩하다. 솜씨가 좋다〔뛰어나다〕.

细软 xìruǎn 형 가늘고 부드럽다.

纪录片 jìlùpiàn 명 기록 영화. 다큐멘터리 영화.

迷人 mírén 형 사람을 미혹시키다. 매력적이다.

风平浪静 fēngpínglàngjìng 성 풍랑이 없이 수면이 잔잔하다.

2. 성어 뜻과 쓰임 익히기

6. 得天独厚 [dé tiān dú hòu]

天[tiān]: 자연(의), 천연(의); 厚[hòu]: 좋다, 후하다. 하늘로부터 받은 것이 두터워 특별히 우월한 자연 조건을 갖고 있다. 처한 환경이 남달리 좋다. 주로 사람의 소질, 사회적 조건 혹은 지역의 자연환경이 특별히 우월함을 비유한다.

① 这里有山有水，旅游资源得天独厚，当然应该大力发展旅游业。

② 你不能把他的成功归结于他各方面都得天独厚，他其实比一般人努力得多。

③ 在他两三岁的时候，父母就发现他在绘画方面拥有得天独厚的天分，喜欢用画笔画出一天的活动。

大力 dàlì 부 강력하게. 힘껏. 대대적으로.
归结 guījié 동 귀납하거나 총괄하다. 귀결시키다.
绘画 huìhuà 명 회화. 그림.
拥有 yōngyǒu 동 보유하다. 소유하다. 가지다.
天分 tiānfèn 명 타고난 소질〔자질〕.
画笔 huàbǐ 명 화필. 그림붓.

7. 丰富多彩 [fēng fù duō cǎi]

彩[cǎi]: 색깔. 내용이 풍부하고 종류가 다양하다. 풍부하고 다채롭다.

① 社会氛围宽松、自由，艺术形式和内容自然就丰富多彩起来。

② 留学期间，他积极参加各种活动，生活过得丰富多彩。

③ 他们准备了很长时间，演出了丰富多彩的节目，获得了观众热烈的掌声。

氛围 fēnwéi 명 분위기.

宽松 kuānsōng 형 홀가분하다. 편안하다. 상쾌하다.

自然 zìrán 부 물론. 응당. 당연.

过 guò 동 지내다. 경과하다. 보내다.

演出 yǎnchū 동 공연하다.

节目 jiémù 명 프로그램(program). 종목. 항목.

获得 huòdé 동 얻다. 취득하다. 획득하다. 손에 넣다.

掌声 zhǎngshēng 명 박수 소리.

8. 举世闻名 [jǔ shì wén míng]

举[jǔ]: 모두, 전부, 온. 명성이 대단히 커서 전 세계 사람들이 모두 안다. 세상에 널리 이름이 나다.

① 法国的葡萄酒**举世闻名**，你去旅行，不管爱喝不爱喝，都要尝一尝。

② 他已经是**举世闻名**的大科学家了，却仍然每天七点钟到实验室工作。

③ 如果你希望**举世闻名**，那么不仅要付出加倍的努力，还需要点儿运气。

不仅 bùjǐn 접 ……뿐만 아니라.
付出 fùchū 동 (돈이나 대가를) 지급하다. 내주다. 지불하다. 바치다.
加倍 jiābèi 동 배가하다. 갑절이 되게 하다.
运气 yùnqi 명 운. 운수. 운명.

9. 络绎不绝 [luò yì bù jué]

络绎[luòyì]: 앞뒤로 끊임없이 이어지다; 绝[jué]: 끊다, 끊어지다, 단절하다.

(수레, 배, 사람, 말 등의) 왕래가 잦아 끊이지 않다. 왕래가 빈번하다.

① 这位医生的医术远近闻名，每天来诊所看病的病人络绎不绝。

② 一大清早，车辆络绎不绝地开进停车场，很快所有的车位都满了。

③ 虽然没在这家餐馆吃过，但是络绎不绝的顾客证明我的选择绝对不会错。

远近闻名 yuǎnjìnwénmíng 원근에 명성이 높다. 유명하다.

诊所 zhěnsuǒ 명 의원. 진료소.

看病 kànbìng 동 (의사가) 사람 혹은 동물을 치료하다. 의사에게 진찰을 받다.

车位 chēwèi 명 주·정차 자리〔위치〕.

证明 zhèngmíng 동 증명하다.

家 jiā 양 집, 기업 등을 세는 단위.

绝对 juéduì 부 완전히. 절대로. 반드시.

확인하기 Ⅱ

1 빈 칸을 채우시오.

得天________　________多彩　________闻名　________不绝

2 뜻에 근거하여 알맞은 성어를 쓰시오.

(1) 内容丰富，种类多样。 (　　　　　　)

(2) 形容名气极大，全世界的人都知道。 (　　　　　　)

(3) 形容车船人马等前后相接，往来不断。 (　　　　　　)

(4) 得到上天的厚爱，具有特别优越的天然条件。 (　　　　　　)

名气 míngqi 명 명성. 지명도.

相接 xiāngjiē 동 연결되다. 연속되다. 연이어지다.

上天 shàngtiān 명 자연과 인류를 주재하는 하늘. 하느님.

厚爱 hòu'ài 명 상대방이 자신에게 베푼 두터운 사랑 혹은 특별한 보살핌.

3 빈 칸에 들어갈 알맞은 성어를 쓰시오.

(1) 去北京，怎么能不去参观＿＿＿＿＿＿的长城和故宫呢？

(2) 这里有着＿＿＿＿＿＿的自然景观和人文景观，你应该去看一看。

(3) 这次展览的都是从意大利运来的精品，难怪每天从全国各地来参观的爱好者＿＿＿＿＿＿。

(4) 这家酒店的位置＿＿＿＿＿＿，附近是商业区，购物、交通、吃饭都很方便，同时又很安静。

(5) 在全球化的今天，我们更应该重视和保护本国＿＿＿＿＿＿的传统节日习俗。

精品 jīngpǐn 명 명품. 최고급품. 우수한 작품.
难怪 nánguài 부 어쩐지. 과연. 그러기에.
爱好 àihào 동 애호하다. ……하기를 즐기다. [爱好者(애호가)]
全球 quánqiú 명 전 세계(全世界). 지구 전체. 온 세상. [全球化(국제화, 세계화)]

실력향상을 위한 종합연습

1 성어를 활용하여 대화를 완성하시오.

(1) A: 快放暑假了，你有什么计划吗？

B: ______________________________。（名胜古迹）

(2) A: 今年一年你就去了四个国家旅行，你为什么那么喜欢旅行呢？

B: ______________________________。（风土人情）

(3) A: 听说这一届音乐节有二十多个国家的乐队参加。

B: ______________________________。（丰富多彩）

(4) A: 今天是12月31号，商店的折扣几乎是全年最低的。

B: ______________________________。（络绎不绝）

届 jiè 양 '次'에 상당하며, 정기적인 회의 또는 졸업 연차 등에 쓰이는 단위. 회(回). 기(期). 차(次).

折扣 zhékòu 명 할인. 에누리.

几乎 jīhū 부 거의. 거의 모두.

2 빈 칸에 알맞은 성어를 써넣으시오.

这里的自然条件__________，至今仍然保留着大片的原始森林。走进茂密的森林，不时可以见到各种__________，它们并不怕人，自由自在地活动着。森林中有着__________的植物，有很多我们只在书上见过。

至今 zhìjīn 부 지금까지. 여태껏. 오늘까지.

保留 bǎoliú 동 보존하다. 유지하다.

茂密 màomì 형 (초목이) 빽빽이 무성하다. 우거지다.

自由自在 zìyóuzìzài 성 자유롭고 거침이 없이 자기의 뜻대로 하다. 자유자재하다.

3 단문을 읽고 내용에 근거하여 문제에 답하시오.

我爱探险。虽然举世闻名风景优美的旅游胜地很多，每天都吸引着络绎不绝的游客，但对我来说，最有吸引力的却是那些无路可走的悬崖峭壁，波涛汹涌的大海，人迹罕见的沙漠。探险不仅让我认识到自然界的伟大，也让我对自己的了解越来越深入。

(1) 一般的游客喜欢去什么样的地方？

(2) “我”更愿意去什么样的地方？

(3) 对“我”来说，探险有什么意义？

探险 tànxiǎn 동 이제껏 사람들이 가본 적이 없는 곳 혹은 많은 사람이 가지 않은 험난한 곳에 가서 (자연계의 상황 등을) 고찰하다.

无路可走 wúlù kě zǒu 성 어찌할 방도가 없는 지경에 이르다.

人迹 rénjì 명 사람의 발자취. 인적.

罕见 hǎnjiàn 형 보기 드물다. 희한하다.

深入 shēnrù 형 깊다. 철저하다.

第四课

日新月异

日新月异	层出不穷	欣欣向荣
川流不息	举世瞩目	自力更生
安居乐业	知足常乐	与日俱增

chapter 04

1. 성어 뜻과 쓰임 익히기

1. 日新月异 [rì xīn yuè yì]

新[xīn]: 새롭게 바뀌다, 새로워지다, 일신하다; 异[yì]: 다르다, 같지 않다. 변화와 발전이 매우 빨라서 신 사물과 신 기상이 끊임없이 출현하다. 나날이 다달이 새로워지고 변화하다.

① 科学技术的发展**日新月异**，你如果不坚持学习，很快就会落伍。

② 他的创作始终以现实为基础，及时描绘着**日新月异**的火热生活。

③ 现在的电子产品几个月就推出新的一代，真可以称得上**日新月异**。

落伍 luòwǔ 동 낙오하다. 뒤떨어지다. (시대에) 뒤쳐지다.

始终 shǐzhōng 부 시종일관. 한결같이. 줄곧.

及时 jíshí 부 즉시. 곧바로. 신속히.

描绘 miáohuì 동 (생생하게) 묘사하다. (그림같이) 그려내다. 베끼다.

火热 huǒrè 형 열렬하다. 정열적이다. 치열하다.

推出 tuīchū 동 내놓다. 출시하다.

称得上 chēngdeshàng (능력, 품행 등이) ……(이)라고 불릴 자격이 있다. ……(이)라고 할 만하다.

2. 层出不穷 [céng chū bù qióng]

层[céng]: 재차, 거듭, 되풀이하여; 穷[qióng]: 다하다, 끝나다. 끊임없이 나타나다. 끝이 없다. 계속 일어나다. 꼬리를 물고 나타나다.

① 在这个年代，明星**层出不穷**，但真正的艺术家却没有几个。

② 我无法想象他长的是什么样的神奇脑袋，他的新点子总是**层出不穷**。

③ 创业初期，**层出不穷**的困难也没有打倒他，更不用说公司已经壮大的今天了。

无法 wúfǎ [동] 방법이 없다. 할 수 없다.
点子 diǎnzi [명] 방법. 생각. 의견. 아이디어.
打倒 dǎdǎo [동] 무너뜨리다. 타도하다. 쳐부수다.
壮大 zhuàngdà [형] 강건하다. 튼튼하다.

3. 欣欣向荣 [xīn xīn xiàng róng]

欣欣[xīnxīn]: (초목이) 무성한 모양; 荣[róng]: (초목이) 무성하다, 싱싱하다.

(초목이) 무성하다. 무럭무럭 자라다. 사업이 활기에 차 발전하다.

① 春天的草原最美，满地的花和草都欣欣向荣，小动物们不停地奔跑。

② 随着改革的逐步深化，教育、科技、文化、体育等各项事业都欣欣向荣地发展起来。

③ 一个开放、稳定、欣欣向荣的社会对人才是非常有吸引力的。

④ 回国访问的时候，他看到不论城市还是农村，处处都是一派欣欣向荣的景象。

奔跑 bēnpǎo 동 질주하다. 빨리 달리다. 내달리다.

吸引力 xīyǐnlì 명 흡인력. 인력. 매력.

不论 búlùn 접 ……을 막론하고. ……이든 간에. ……든지. [이어지는 아래구절에 주로 '都, 总' 등이 호응하여 쓰임.]

派 pài 양 경치, 기상, 소리, 언어 등을 세는데 쓰임. 완전. 온통. [앞에 숫자 '一'만 사용함.]

景象 jǐngxiàng 명 광경. 정경. 상황.

4. 川流不息 [chuān liú bù xī]

川[chuān]: 내, 하천; 息[xī]: 멈추다, 정지하다, 중지하다, 그치다. 강물처럼 그렇게 쉴 새 없이 흐르다. 사람 혹은 차량, 배 등이 강물처럼 끊임없이 오가다.

① 这条路上车辆**川流不息**，你不能让这么小的孩子在路边玩儿，太危险了。

② 站在广场中央，身边是**川流不息**的人流，我却觉得那么孤单。

③ 圣诞节快到了，顾客**川流不息**地进进出出，为亲朋好友挑选礼物。

条 tiáo 양 지형, 구조물과 관련된 것 등의 가늘고 긴 것을 세는 데 쓰임. 줄기. 가닥.
人流 rénliú 명 인파.
孤单 gūdān 형 외롭다. 쓸쓸하다. 고독하다.
挑选 tiāoxuǎn 동 고르다. 선발하다. 선택하다.

확인하기 I

1 빈 칸을 채우시오.

日____月____　　层出________　　________向荣　　________不息

2 뜻에 근거하여 알맞은 성어를 쓰시오.

(1) 不断地出现，没有穷尽。 (　　　　　)

(2) 形容进步、发展很快，新事物、新气象不断出现。 (　　　　　)

(3) 形容草木长得茂盛，也比喻事业蓬勃发展、繁荣兴旺。 (　　　　　)

(4) 像河水那样流个不停。比喻来往的人或车辆、船只很多。

(　　　　　)

穷尽 qióngjìn 명 끝. 종점.

长 zhǎng 동 자라다.

茂盛 màoshèng 형 (식물이) 우거지다. 무성하다.

蓬勃 péngbó 형 번영하다. 크게 발전하다. 왕성하다. 생기가 넘치다.

兴旺 xīngwàng 형 창성하다. 흥성하다. 왕성하다.

来往 láiwǎng 동 왕래하다. 왕복하다. 오가다.

车辆 chēliàng 명 각종 차의 총칭. 차량.

船只 chuánzhī 명 선박. 배.

3 빈 칸에 들어갈 알맞은 성어를 쓰시오.

(1) 你看人们_________地赶到体育场，就知道这场比赛多么重要了。

(2) 上世纪八十年代的文学事业可以说是_________，出了很多非常有影响力的作家和作品。

(3) 这些年经济高速发展，城市建设_________，才两年没回来，我竟然已经不认识这条路了。

(4) 这是一项极其复杂的试验，到时候大大小小的问题必定_________，你们要做好准备。

(5) 这种植物喜干不喜湿，你多浇水它可能会死，少浇水它反而会__________。

场 chǎng 양 공연 횟수가 있는 혹은 장소가 있는 문예, 오락, 체육 활동 등에 쓰임. 회(回). 번. 차례.

高速 gāosù 형 고속의.

试验 shìyàn 명 시험. 실험. 테스트.

项 xiàng 양 가지. 항목. 조목.

极其 jíqí 부 아주. 대단히. 극도로.

必定 bìdìng 부 판단 또는 추론이 정확하거나 필연적인 것을 나타냄. 반드시. 의심할 바 없이.

喜 xǐ 동 어떤 생물이 어떤 환경에 적응하다.

浇 jiāo 동 물을 대다. 물을 주다. 관개하다.

2. 성어 뜻과 쓰임 익히기

5. 举世瞩目 [jǔ shì zhǔ mù]

举世[jǔshì]: 전 세계, 온 세상, 모든 사회; 瞩目[zhǔmù]: 눈여겨보다, 주목하다, 주시하다. 온 세상 사람이 모두 주목하다. 전 세계 사람들의 주의를 끌다.

① 这个会议**举世瞩目**，我们提前一年就开始筹备，最终才会这么顺利圆满。

② 诺贝尔奖**举世瞩目**，每年全世界的新闻媒体都会进行详细的报道。

③ 他去年参加了**举世瞩目**的柴可夫斯基钢琴大赛，获得了第一名。

④ 经过20多年的努力，他们在环境保护方面取得了**举世瞩目**的成就。

提前 tíqián 동 (예정된 시간을) 앞당기다.

筹备 chóubèi 동 기획하고 준비하다.

顺利 shùnlì 형 순조롭다.

圆满 yuánmǎn 형 원만하다. 훌륭하다.

诺贝尔奖 Nuòbèi’ěrjiǎng 명 노벨상.

媒体 méitǐ 명 매체.

柴可夫斯基 Cháikěfūsījī 명 차이콥스키(Tchaikovsky, 러시아의 음악가).

经过 jīngguò 동 (활동, 사건을) 경험하다. 경과하다. 거치다. 겪다.

取得 qǔdé 동 취득하다. 얻다.

成就 chéngjiù 명 성취. 성과. 업적.

6. 自力更生 [zì lì gēng shēng]

更生[gēngshēng]: 갱생하다, 부흥하다, 떨쳐 일어나다. 외부의 힘에 의존하지 않고 자력으로 떨쳐 일어나다. 자신의 역량으로 문제를 해결하다. 자력갱생하다.

① 十八岁后，他就**自力更生**了，再也没有向父母要过一分钱。

② 我们要**自力更生**发展农业技术，解决粮食问题，不能依赖进口。

③ 在没有经验可以学习的情况下，我们发扬**自力更生**的精神，创造了一套有效的训练模式。

向 xiàng 개 ……에게. ……을〔를〕향하여. ……(으)로.

依赖 yīlài 동 의지하다. 기대다. 의존하다.

发扬 fāyáng 동 (훌륭한 기풍, 전통 등을) 발전시키고 드높이다. 더욱더 발전시키다. 발양하다.

有效 yǒuxiào 형 유용하다. 유효하다. 효과가 있다.

套 tào 양 벌. 조. 세트.

模式 móshì 명 표준 양식. 패턴. 모델.

7. 安居乐业 [ān jū lè yè]

안정된 생활을 누리며 즐겁게 자신의 일에 종사한다. 국민의 생활이 안락하고 행복함을 비유한다.

① 这个城市不大，但是治安良好，人们**安居乐业**，非常适合生活。

② 我们要不断完善各种制度，为老百姓创造一个**安居乐业**的环境。

③ 政府一定要保障农民的生活和收入，没有农民的**安居乐业**，就没有社会的稳定。

治安 zhì'ān 명 치안.

完善 wánshàn 동 완벽하게〔완전하게〕하다.

保障 bǎozhàng 동 (생명, 재산, 권리 등을) 보호하여 침해받지 않고 파괴되지 않게 하다. 보증하다.

稳定 wěndìng 형 안정되다.

8. 知足常乐 [zhī zú cháng lè]

만족함을 알면 항상 즐겁다. 이미 갖고 있는 이익이나 지위에 만족함을 비유한다.

① 快乐与金钱没有必然的关系。有的人不富裕却**知足常乐**，有的人有钱却并不快乐。

② 说到长寿的原因，老人家认为最重要的是他**知足常乐**，心态平和。

③ 我和妻子都是**知足常乐**的人，不上班的时候，一起看看书、听听音乐，感到生活很幸福。

富裕 fùyù 형 부유하다.

老人家 lǎorenjia 명 어르신. [노인에 대한 존칭.]

心态 xīntài 명 심리 상태.

平和 pínghé 형 평온하다. 차분하다. 편안하다.

9. 与日俱增 [yǔ rì jù zēng]

与[yǔ]: ……와〔과〕; 俱[jù]: 전부, 모두. 시간이 갈수록 하루하루 증가하다. 계속해서 증가하거나 증가 속도가 빠른 것을 비유한다. 날이 갈수록 번창하다. 날로 늘어나다. 성장 상황이 계속되다.

① 竞争压力**与日俱增**，生意不好做，我们必须努力提高服务质量。

② 退休后他对书法的兴趣**与日俱增**，打算明年找一位书法老师，好好地学一学。

③ 考虑到**与日俱增**的留学生，校方决定成立专门的办公室，为留学生提供帮助。

压力 yālì 명 스트레스(stress). 압력.

校方 xiàofāng 명 학교 측. 학교 지도자〔경영자〕측.

专门 zhuānmén 형 전문적이다.

확인하기 Ⅱ

1 빈 칸을 채우시오.

________瞩目　　________更生　　____居____业　　________常乐

与日________

2 뜻에 근거하여 알맞은 성어를 쓰시오.

(1) 全世界的人都注视着。　　(　　　　　)

(2) 形容不依赖外力，靠自己的力量重新振作起来。　　(　　　　　)

(3) 知道满足，就总是快乐。　　(　　　　　)

(4) 安定地居住着，愉快地从事自己的工作。形容人民生活安乐幸福。

(　　　　　)

(5) 随着时间一天天地增加或增长。形容不断增长或增长速度很快。

(　　　　　)

注视 zhùshì 동 주의 깊게 살피다. 깊은 관심을 갖다. 주시하다.

依赖 yīlài 동 의지하다. 기대다.

外力 wàilì 명 외부의 힘. 외력.

靠 kào 동 의지하다. 의거하다. …에 달려 있다.

力量 lìliàng 명 능력. 역량. 힘.

3 빈 칸에 들어갈 알맞은 성어를 쓰시오.

(1) 你应该学会__________解决问题，而不是一有问题就找人帮忙。

(2) 年轻人应该不断地为自己的梦想而奋斗，__________未必是件好事。

(3) 这个普通的村庄，由于与那个__________的历史事件联系在一起而出了名。

(4) 私人轿车数量__________，相关管理部门不得不想方设法地增加停车位。

(5) 多年来，这个研究团队做了无数次的实验，终于取得了__________的突破。

(6) 不论哪个国家的领导人，最希望看到的应该都是自己的国家社会稳定，人民__________。

梦想 mèngxiǎng 명 간절히 바라는 일. 꿈. 이상.

奋斗 fèndòu 동 (일정한 목적을 달성하기 위해) 분투하다.

未必 wèibì 부 반드시 ……한 것은 아니다. 꼭 ……하다고 할 수 없다.

村庄 cūnzhuāng 명 마을. 촌락. 시골.

轿车 jiàochē 명 승용차.

部门 bùmén 명 부(部). 부문. 부서.

团队 tuánduì 명 단체. 대오. 팀.

突破 tūpò 동 (어려움, 한계를) 타파하다. 돌파하다.

领导 lǐngdǎo 동 지도하다. 영도하다. 이끌고 나가다. [领导人(지도자, 리더)]

실력향상을 위한 종합연습

1 성어를 활용하여 대화를 완성하시오.

(1) A: 你来我们这儿有一段时间了，对我们这儿印象怎么样？

B: ________________________________。（安居乐业）

(2) A: 学习压力这么大，你还每天去打工，太辛苦了。

B: ________________________________。（自力更生）

(3) A: 这里有好几家饭店，这家看起来最不起眼，你为什么选这家啊？

B: ________________________________。（川流不息）

(4) A: 我最喜欢冬天，特别是下雪后，天地一片白茫茫的，太漂亮了。你呢？

B: ________________________________。（欣欣向荣）

辛苦 xīnkǔ 형 고생스럽다. 고되다.

起眼 qǐyǎn 형 볼품이 좋다. 남의 눈을 끌다. [주로 부정형으로 쓰임.]

2 빈 칸에 알맞은 성어를 써넣으시오.

朋友王静得了一种很少见的病，暂时没有有效的治疗方法。我们去探望和安慰她，没想到她反过来安慰我们说，她相信现在科学发展__________，医学成果__________，说不定很快就能找到治疗方法。即使找不到，她也不害怕、难过，因为有这么多人关心她爱护她，她非常满足。听了她的话，我不禁想这种__________的心态也许能帮助她战胜疾病。

暂时 zànshí 명 잠깐. 잠시.

探望 tànwàng 동 방문하다. 문안하다.

安慰 ānwèi 동 위로하다. 안위하다.

说不定 shuōbudìng 부 아마. 짐작컨대. 대개.

爱护 àihù 동 소중히 하다. 잘 보살피다. 사랑하고 보호하다.

战胜 zhànshèng 동 극복하다. 이겨 내다.

3 단문을 읽고 내용에 근거하여 문제에 답하시오.

我是上海人。上世纪八十年代初，我出国读书并留在国外工作。之后的三十多年，中国经济发展取得了**举世瞩目**的成就。每次回上海，我都惊讶地发现这座城市的发展**日新月异**。高楼大厦**层出不穷**，车辆**川流不息**，商业繁荣，文化娱乐发达，所有的一切看起来都那么**欣欣向荣**。这让我回国的念头**与日俱增**。

(1) 在“我”看来，八十年代后中国有什么变化？

(2) “我”回家乡上海为什么很惊讶？

(3) 上海的变化对“我”有什么影响？

惊讶 jīngyà 형 의아스럽다. 놀랍다.

大厦 dàshà 명 빌딩. 고층 건물. 대형 건물

娱乐 yúlè 명 엔터테인먼트(entertainment). 예능. 오락.

念头 niàntou 명 생각. 마음. 의사.

第五课

拔苗助长

拔苗助长	急于求成	急功近利
得不偿失	聚精会神	津津有味
朝气蓬勃	争先恐后	无精打采

chapter 05

1. 성어 뜻과 쓰임 익히기

1. 拔苗助长 [bá miáo zhù zhǎng]

벼 이삭이 더디게 자란다고 손으로 이삭을 뽑아서 빨리 자라게 하다. 일을 급히 이루기 위해서 사물의 객관적인 규율을 위반함으로써, 결과적으로 무익할 뿐만 아니라 도리어 해가 되다. 급히 서둘러 일을 그르치다.

① 孩子的身体发育是有差异的，家长不应**拔苗助长**，给孩子乱吃补品。

② 即使再有潜力的新人也要有个成长过程，如果通过包装使其快速成名，则无异于**拔苗助长**。

③ 幼儿教育小学化忽视了幼儿的身心特点，带有**拔苗助长**的明显特征。

乱 luàn 부 함부로. 마구. 제멋대로.

补品 bǔpǐn 명 영양 보충제. 보양 식품. 보약.

潜力 qiánlì 명 잠재 능력. 잠재력. 저력.

新人 xīnrén 명 어떤 방면에 뛰어난 새로운 인재. 신진. 신인.

包装 bāozhuāng 동 사람이나 사물을 미화시켜 매력적이거나 상품가치가 있게 만드는 것을 비유한다. 포장하다. 잘 꾸미다.

快速 kuàisù 형 쾌속의. 신속하다. 빠르다.

成名 chéngmíng 동 명성을 얻다. 이름을 떨치다. 유명해지다.

无异 wúyì 동 다르지 않다. 똑같다.

忽视 hūshì 동 소홀히 하다. 등한히 하다. 주의하지 않다.

明显 míngxiǎn 형 분명히 드러나다. 뚜렷하다.

2. 急于求成 [jí yú qiú chéng]

조급하게 성공을 거두려 하다. 목적을 달성하기에 급급하다. 객관적인 조건을 무시하고, 서둘러 목적을 달성하려 하다. 품질을 무시하고 속도를 좇는다는 의미를 내포한다.

① 他所担心的是整个社会急于求成，都不肯静下心来踏踏实实地做事。

② 康复训练必须在医生的指导下进行，万万不可急于求成。

③ 这场比赛我们输在急于求成，如果我们放慢节奏，发挥我们防守的优势，也许不会输。

④ 你这种急于求成的心理可以理解，但是学习语言需要时间，很难速成。

静心 jìngxīn 동 마음을 가라앉히다〔진정하다〕.

踏踏实实 tātāshíshí 형 (태도가) 착실하다. 실하다. 견실하다. 성실하다.

康复 kāngfù 동 건강을 회복하다.

万万 wànwàn 부 결코. 절대로. 어찌 됐든. [부정문에 쓰임.]

放慢 fàngmàn 동 (속도를) 늦추다.

节奏 jiézòu 명 리듬. 박자. 템포. 흐름.

发挥 fāhuī 동 발휘하다.

防守 fángshǒu 동 (시합에서) 수비하다.

优势 yōushì 명 우세.

速成 sùchéng 동 학습 기간을 줄여 단기간에 빨리 배우다. 속성하다.

3. 急功近利 [jí gōng jìn lì]

조급하게 성공을 바라고 눈앞의 이익만을 탐하다. 눈앞의 성공과 이익에만 급급하다.

① 他太急功近利了，演的多是同类型的角色。虽然出名了，但演技并没有多大提高。

② 选专业要结合自己的能力和兴趣，不能急功近利，哪个专业赚钱多就选哪个。

③ 考试前他采取急功近利的做法，只记住课本上练习的答案，而不是真正弄懂。

角色 juésè 명 연극이나 영화, TV에서 배우가 맡는 배역. 역할.

演技 yǎnjì 명 연기.

专业 zhuānyè 명 전공.

做法 zuòfǎ 명 물건을 만들거나 일을 처리하는 방법.

弄懂 nòngdǒng 동 알다. 이해하다.

4. 得不偿失 [dé bù cháng shī]

偿[cháng]: 배상하다, 보상하다, 물어주다. 얻는 것이 손실된 것을 변상할 수 없다. 얻은 것보다 잃는 것이 더 많다. 득보다 실이 많다.

① 他们在技术不成熟的情况下建化工厂。经济发展了，环境却被破坏了，真是得不偿失。

② 你每天熬夜学习，最后把身体搞坏了，这不是得不偿失吗？

③ 通过降低原材料的质量，降低产品价格来吸引顾客是得不偿失的做法。

成熟 chéngshú 동 완숙되다. 무르익다. 숙련되다.
破坏 pòhuài 동 파괴하다. 훼손시키다.
熬夜 áoyè 동 밤새다. 철야하다.

확인하기 I

1 빈 칸을 채우시오.

拔苗_______　　_______求成　　急___近___　　得不_______

2 뜻에 근거하여 알맞은 성어를 쓰시오.

(1) 急着要取得成功。 (　　　　　)

(2) 所得到的抵偿不了所损失的。 (　　　　　)

(3) 急于求得成效，贪求眼前的利益。 (　　　　　)

(4) 比喻为求速成而违反事物发展的客观规律，结果不但无益，反而有害。

(　　　　　)

抵偿 dǐcháng 동 배상하다. 물다. 갚다.

急于 jíyú 동 서둘러 ……하려 하다. ……에 급급하다. ……하기 위해 급히 서두르다.

成效 chéngxiào 명 효능. 효과.

贪求 tānqiú 동 욕심 부리다. 탐내다.

眼前 yǎnqián 명 (시간적인) 눈앞. 현재. 목전.

违反 wéifǎn 동 (법률, 규정 등을) 위반하다. 위배하다. 어기다.

结果 jiéguǒ 접 결국. 드디어. 마침내. [주로 복문의 아래 구절에 쓰여 어떤 조건 혹은 상황에서 어떤 결과가 일어난다는 것을 표시함.]

无益 wúyì 동 무익하다. 쓸모없다. 이익이 없다.

3 빈 칸에 들어갈 알맞은 성어를 쓰시오.

(1) 合适的年龄学习合适的知识，天才没有那么多，父母千万不要__________。

(2) 师傅说他__________，因此只能教他简式太极拳，大约一个月可以学会。

(3) 他写歌的目的是出名，流行什么写什么。以这样__________的态度创作，能写出什么好作品？

(4) 洗衣机坏了就别修了。修一下要几百块，用不了多久又会坏，__________，还不如买一台新的。

(5) 你的事业才刚刚起步，慢慢来，不要__________，不必把目标定得太高。

千万 qiānwàn 부 부디. 제발. 아무쪼록. 꼭. [간절하게 거듭 부탁한다는 것을 나타냄.]
坏 huài 동 고장 나다. 망가지다. 탈나다.
不如 bùrú 동 ……하는 편이 낫다.
台 tái 양 기계, 차량, 기구 등을 세는 데 쓰임. 대.
起步 qǐbù 동 어떤 일을 시작하다.
定 dìng 동 결정하다. 정하다. 확정시키다.

2. 성어 뜻과 쓰임 익히기

5. 聚精会神 [jù jīng huì shén]

聚[jù]: 모으다, 모이다; 会[huì]: 모이다, 모으다, 집중시키다. 정신을 고도로 집중하다. 전심하다. 주의력을 집중하다. 정신을 한곳에 모으다.

① 他很爱看街头表演，站在那里，聚精会神，一看就看半天。

② 他的智力没有问题，他的主要问题是注意力分散，不能聚精会神地学习。

③ 每逢有讲座，不论是文学的还是历史的，他都听得聚精会神。

④ 从孩子们聚精会神的神态就可以看出这位老师的课讲得十分精彩。

街头表演 jiētóubiǎoyǎn 길거리 공연. 버스킹.

智力 zhìlì 명 지력. 지능.

注意力zhùyìlì 명 주의력.

分散 fēnsàn 명 분산.

逢 féng 동 만나다. 마주치다.

神态 shéntài 명 표정과 태도. 기색.

6. 津津有味 [jīn jīn yǒu wèi]

津津[jīnjīn]: 맛이 좋거나 흥미진진한 모양, 감칠맛 나다, 흥미진진하다. 흥미가 짙거나 매우 맛있는 모양을 비유한다. 흥미진진하다. 감칠맛 나다. 아주 맛있다.

① 老人身体好，胃口不错，吃饭津津有味。

② 那些我们读起来枯燥无味的经典著作，他读起来却津津有味。

③ 他津津有味地啃着一根骨头，仿佛那是人间最美味的东西。

④ 他发现他随口编的这些故事，孩子们听得津津有味，于是考虑把这些故事写出来。

胃口 wèikǒu 명 식욕.

枯燥 kūzào 형 무미건조하다. 지루하다.

无味 wúwèi 형 재미가 없다. 흥미가 없다.

经典 jīngdiǎn 형 저작이 권위적인. [经典著作(고전적 저작, 권위 있는 저작)]

啃 kěn 동 물어뜯다. 뜯어 먹다. 쏠다.

骨头 gǔtou 명 뼈.

仿佛 fǎngfú 부 마치 ……인 것 같다. 마치 ……인 듯하다.

人间 rénjiān 명 인간 사회. 세상.

随口 suíkǒu 부 입에서 나오는 대로. 아무 생각 없이 되는대로. 아무렇게나.

编 biān 동 (극본, 가사 등을) 창작하다. 저작하다. 짓다.

于是 yúshì 접 그래서. 이리하여. 그리하여. 이 때문에.

考虑 kǎolǜ 동 고려하다. 생각하다.

7. 朝气蓬勃 [zhāo qì péng bó]

朝气[zhāoqì]: 아침의 신선한 공기, '생기, 패기, 진취적 기상' 등의 뜻으로 파생됨; 蓬勃[péngbó]: 크게 발전하다, 왕성하다, 활기 있다. 생기가 넘쳐흐르다. 생기발랄하다. 청춘의 활기가 충만하다. 씩씩하다.

① 你们年轻人**朝气蓬勃**，好像早晨八、九点钟的太阳，世界是属于你们的。

② 前面几个中学生笑着闹着，**朝气蓬勃**地走过来。

③ 别总穿黑色灰色，太老气了。你看，穿上这件红色的立刻就显得**朝气蓬勃**了。

④ 每天和**朝气蓬勃**的孩子们在一起，我从来没觉得自己在变老。

老气 lǎoqì 형 노숙하다. 노련하다. (의복 등의 색깔과 스타일이) 노티 나다.

显得 xiǎnde 동 ……인 것 같다. ……하게 보이다. ……인 것처럼 생각되다.

8. 争先恐后 [zhēng xiān kǒng hòu]

다투어 앞으로 향하고 뒤떨어질까 두려워하다. 뒤질세라 앞을 다투다.

① 这是大家都关心的问题，很快大家就争先恐后，热烈地讨论起来。

② 演讲结束后，听众争先恐后地涌向讲台，请求签名、合影。

③ 孩子们好奇心很强，老师一停下来，各种各样的问题就争先恐后地提出来了。

涌向 yǒngxiàng 동 ……에 쇄도하다. ……에 몰려들다.

签名 qiānmíng 동 사인하다. 서명하다.

合影 héyǐng 동 함께 사진을 찍다.

9. 无精打采 [wú jīng dǎ cǎi]

采[cǎi]: 기색, 정신, 풍채. 활기가 없고 기운을 내지 못하다. 풀이 죽다. 의기소침하다. 흥이 나지 않다. 맥이 풀리다.

① 他平时开朗活泼，这两天却无精打采，不知道发生了什么事情。

② 考试考得很不好，但是已经没有别的办法了，他只能无精打采地往家走。

③ 也许是心情不好，也许是太累，他今天弹琴也弹得无精打采。

④ 看到我一副无精打采的样子，他笑着拍拍我的肩膀，说："以后还有机会。加油！"

开朗 kāilǎng 형 (성격이) 명랑하다. 쾌활하다. 낙관적이다.
活泼 huópō 형 활발하다. 활기차다. 생동감이 있다.
也许 yěxǔ 부 추측이나 짐작을 하여 단정하지 못함을 나타냄. 어쩌면. 아마도.
副 fù 양 얼굴 표정에 쓰임.
拍 pāi 동 손바닥으로 치다.
肩膀 jiānbǎng 명 어깨.

확인하기 Ⅱ

1 빈 칸을 채우시오.

____精____神　　________有味　　朝气________　　____先____后

无精________

2 뜻에 근거하여 알맞은 성어를 쓰시오.

(1) 形容精神高度集中。　　(　　　　　)

(2) 争着向前，唯恐落后。　　(　　　　　)

(3) 形容精神不振，提不起劲头。　　(　　　　　)

(4) 形容趣味很浓厚或很有滋味的样子。　　(　　　　　)

(5) 形容很有生气，蓬勃向上，充满青春活力。　　(　　　　　)

高度 gāodù 형 정도가 매우 높다.

唯恐 wéikǒng 동 다만 ……할까 걱정이다〔두렵다〕.

不振 búzhèn 형 왕성하지 못하다. 활기가 없다. 부진하다.

劲头 jìntóu 명 힘. 역량. 기세.

滋味 zīwèi 명 맛.

3 빈 칸에 들어갈 알맞은 성어를 쓰시오.

(1) 他俩__________地回忆着童年趣事，我却无聊得直打瞌睡。

(2) 在__________的大学校园里走了一圈，他感觉自己也变得年轻了。

(3) 我进去的时候，他正坐在桌子前面，__________地读着一本书。

(4) 现在没多少年轻人愿意当兵，在我们年轻的时候，可都是__________地去当兵的。

(5) 这个班级的学生都喜爱运动，每次学校举行运动会，大家都__________地报名。

(6) 这是野生老虎，不像动物园里的老虎那么__________的，它们是真正的森林之王。

回忆 huíyì 동 회상하다. 추억하다.
趣事 qùshì 명 재미난 일. 우스운 일.
直 zhí 부 줄곧. 내내. 끊임없이.
打瞌睡 dǎkēshuì 졸다.
圈 quān 양 바퀴.
当兵 dāngbīng 동 군대에 가다. 군인이 되다. 입대하다.
班级 bānjí 명 반. 학급. 학년.
举行 jǔxíng 동 거행하다. 개최하다. 실시하다.

실력향상을 위한 종합연습

1 성어를 활용하여 대화를 완성하시오.

(1) A: 那位设计师是有实力的，为什么不好好创作，而去抄别人的作品呢？

B: ____。（急功近利）

(2) A: 最近出了一种新的减肥药，据说一个星期可以减四五公斤。我想试试。

B: ____。（得不偿失）

(3) A: 那家大公司给你的待遇不错，你为什么要呆在这家年轻的小公司呢？

B: ____。（朝气蓬勃）

(4) A: 这个月销售业绩不好，经理说所有人的奖金都取消了。

B: ____。（无精打采）

设计师 shèjìshī 명 설계사. 디자이너.
抄 chāo 동 베끼다. 베껴 쓰다. 표절하다.
减肥 jiǎnféi 동 살을 빼다. 감량하다. 체중을 줄이다. [减肥药(살 빼는 약, 다이어트 약)]
待遇 dàiyù 명 (급료, 보수 등의) 대우. 대접.
呆 dāi 동 머물다.
年轻 niánqīng 형 (국가나 조직 따위가) 생긴 지 얼마 안 되다. 신생하다.
销售 xiāoshòu 명 판매. 매출.
业绩 yèjì 명 업적.
奖金 jiǎngjīn 명 상금. 상여금. 장려금. 보너스.
取消 qǔxiāo 동 취소하다.

2 빈 칸에 알맞은 성어를 써넣으시오.

上个星期我去一所小学参观，旁听了一节课。 那位年轻的女教师讲课生动活泼，明白易懂。孩子们不但听得＿＿＿＿＿，还＿＿＿＿＿地提问题，整个班级给人一种＿＿＿＿＿＿的印象。

所 suǒ 양 학교, 병원을 세는 단위. 개. 하나.
旁听 pángtīng 동 청강하다. (회의 따위를) 방청하다.
节 jié 양 여러 개로 나누어진 것을 세는 단위. [一节课(한 시간의 수업)]
生动 shēngdòng 형 생동감 있다. 생동하다. 생생하다.
整个 zhěnggè 형 전부의. 모두의.
印象 yìnxiàng 명 인상.

3 단문을 읽고 내용에 근거하여 문제에 답하시오.

明年我们就要毕业了。聊起找工作的事儿，有的同学希望找一份稳定的工作，实现自力更生，不再依靠父母；有的同学想自己创业，希望两三年内能有一个属于自己的公司；还有一些同学想找一份既轻松赚钱又多的工作。对于第二类同学，我相信只要他们不急于求成，认真、努力，加上运气，一定可以成功。至于第三类同学，我希望他们尽早放弃这种急功近利的想法，否则若干年后他们会发现结果得不偿失。

(1) 在找工作这件事上，“我”的同学可以分为哪几类？

(2) 对于第二类同学，“我”有什么看法？

(3) 对于第三类同学，“我”的看法是什么？

稳定 wěndìng 형 안정되다. 변화가 없다. 안정적이다.
轻松 qīngsōng 형 수월하다. 가볍다. 부담이 없다.
至于 zhìyú 개 ……(으)로 말하면. ……에 관해서는.
尽早 jǐnzǎo 부 되도록 조속히. 가능한 한 빨리.
放弃 fàngqì 동 (권리, 주장, 의견 등을) 버리다. 포기하다.
否则 fǒuzé 접 만약 그렇지 않으면.
若干 ruògān 대 약간. 조금. 소량.
加 jiā 동 더하다. 첨가하다. 보태다.
看法 kànfǎ 명 견해. 생각.

第六课

滔滔不绝

滔滔不绝	斩钉截铁	各抒己见
理直气壮	不相上下	无理取闹
莫名其妙	岂有此理	小心翼翼

chapter 06

1. 성어 뜻과 쓰임 익히기

1. 滔滔不绝 [tāo tāo bù jué]

滔滔[tāotāo]: 물이 도도하게 흐르는 모양, 세차게 굽이쳐 흐르다, 물결이 사납다; 绝[jué]: 끊다, 끊어지다, 단절하다. 물이 흐르는 것처럼 끊임없이 계속 되다. 말이 많다. 쉴 새 없이 말하다.

① 他平时话不多，但是只要一提起他的专业，他就滔滔不绝。

② 他滔滔不绝地说着自己多么成功，完全没有注意到大家不耐烦的表情。

③ 没人喜欢听这种一个人的滔滔不绝的演讲，你一定要和听众多交流。

完全 wánquán 부 완전히. 전적으로. 전혀. 아주.

表情 biǎoqíng 명 표정.

听众 tīngzhòng 명 청중.

交流 jiāoliú 동 서로 소통하다. 교류하다. (정보 따위를) 교환하다.

2. 斩钉截铁 [zhǎn dīng jié tiě]

말이나 행동이 단호하다. 과단성이 있다. 조금도 망설이지 않다. 결단성 있고 단호하다.

① 她的表情依旧温柔，但说出来的话却斩钉截铁，坚决要分手。

② 无论什么人，用什么样的借口劝你尝试吸毒，你都要斩钉截铁地拒绝。

③ 他用斩钉截铁的语气说：“我是你大哥，我不帮你谁帮你？钱你收下。”

④ “我走。”话他是说得斩钉截铁，可是心里的痛苦谁能了解呢？

依旧 yījiù 부 여전히. [상황이 원래와 같음을 나타냄.]

温柔 wēnróu 형 온유하다. 부드럽고 상냥하다. [주로 여성을 묘사함.]

坚决 jiānjué 형 (태도, 행동 등이) 단호하다. 결연(決然)하다.

分手 fēnshǒu 동 헤어지다. 이별하다.

借口 jièkǒu 명 구실. 핑계.

尝试 chángshì 동 시도해 보다. 경험해 보다. 시험해 보다.

吸毒 xīdú 동 마약을 복용하다. 흡입하다. 주입하다.

语气 yǔqì 명 어투. 말투. 어세(語勢).

痛苦 tòngkǔ 명 고통. 아픔. 고초.

了解 liǎojiě 동 자세하게 알다. 이해하다.

3. 各抒己见 [gè shū jǐ jiàn]

抒[shū]: 표현하다, 나타내다, 진술하다, 발표하다. 각자가 충분히 자신의 의견을 발표하다. 각자 자기의 의견을 털어놓다.

① 会议上每个人都从自己的角度出发，各抒己见，最后大致形成了三种看法。

② 这件事谁都没有经验，所以需要大家各抒己见，一起寻找解决的办法。

③ 这是一场真正的各抒己见的讨论会，让我们了解了不同背景不同年龄的人对这个问题的看法。

角度 jiǎodù 명 (문제를 보는) 각도.
大致 dàzhì 부 대체로. 대강.
寻找 xúnzhǎo 동 찾다. 구하다.
背景 bèijǐng 명 배후. 백그라운드(background).

4. 理直气壮 [lǐ zhí qì zhuàng]

理直[lǐzhí]: 이유가 정확하고 충분하다; 气壮[qìzhuàng]: 기세가 드높다, 기세가 웅장하다. 이유가 충분하고 정확하여 하는 말이 당당하다. 이유가 충분하여 태도가 떳떳하다. 도리에 바르고 기세가 드높다.

① 这件事上我坚持原则，没有做错。就是到老师面前去说，我也理直气壮。

② 他借钱时说一个月还。现在两个月过去了，我当然可以理直气壮地要他还钱。

③ 他天天做坏事，还做得理直气壮。我很难理解为什么会有这样的人。

就是 jiùshì 접 설령〔설사〕 ……하더라도〔일지라도〕. [가정 겸 양보 관계를 나타내며 흔히 아래구절의 '也'와 호응함.]

面前 miànqián 명 면전. 눈 앞.

확인하기 I

1 빈 칸을 채우시오.

________人情　　斩____截____　　________已见　　理____气____

2 뜻에 근거하여 알맞은 성어를 쓰시오.

(1) 形容话很多，连续不断。　　(　　　　)

(2) 各人充分发表自己的意见。　　(　　　　)

(3) 形容说话或行动坚决果断，毫不犹豫。　　(　　　　)

(4) 理由正确充分，说话气势旺盛，或因理由充足而态度严正。

(　　　　)

果断 guǒduàn 형 과단성이 있다.

犹豫 yóuyù 형 머뭇거리다. 주저하다. 망설이다.

气势 qìshì 명 (사람 또는 사물의) 기세.

旺盛 wàngshèng 형 왕성하다. 성하다. 충만하다.

严正 yánzhèng 형 엄정하다. 공명정대하다. 정정당당하다.

3 빈 칸에 들어갈 알맞은 성어를 쓰시오.

(1) 话不要说得这么___________，你还是仔细考虑考虑再答复他们吧。

(2) 这些钱都是我自己打工挣的，就算是买奢侈的东西，我也买得__________。

(3) 一路上，他___________地给我们介绍当地的风土人情，还建议我们多玩几天。

(4) 在做决定之前，大家可以___________。不过，一旦做了决定，就希望大家保持一致。

(5) 这部电视剧太无聊了，故事发展缓慢，演员大段大段___________地说着台词，看得我直想睡觉。

答复 dáfù 동 요구나 문제에 대해 회답하다. 답변하다.
打工 dǎgōng 동 아르바이트를 하다. 일하다.
一路 yīlù 명 도중(途中). 여정.
建议 jiànyì 동 자기의 주장, 의견을 제기하다. 제안하다. 건의하다.
一旦 yīdàn 부 일단〔만약〕 ……한다면. [아직 일어나지 않은 가정의 상황을 나타냄.]
部 bù 양 서적이나 영화 편수 등을 세는 단위. 부. 편.
缓慢 huǎnmàn 형 느리다. 완만하다.
台词 táicí 명 대사(臺詞).

2. 성어 뜻과 쓰임 익히기

5. 不相上下 [bù xiāng shàng xià]

좋고 나쁨 우열을 분간할 수 없다. 수준이 대등하다. 막상막하.

① 你们俩的实力不相上下，只是你太紧张了，没有他发挥得好。

② 她们的容貌不相上下，但是性格却完全相反，这也就是为什么一个受欢迎，一个不受欢迎的原因。

③ 看着这个个子与我不相上下的小伙子，我有一种说不出的熟悉的感觉。

④ 在我看来，今天这场球两个队打得不相上下，最后就看谁的运气更好一些了。

发挥 fāhuī 동 발휘하다.
个子 gèzi 명 키. 체격.
小伙子 xiǎohuǒzi 명 젊은이. 청년. 총각.
容貌 róngmào 명 용모. 생김새.
相反 xiāngfǎn 형 상반되다. 반대되다.

6. 无理取闹 [wú lǐ qǔ nào]

이치에 맞지 않게 남과 다투다. 고의로 소란을 피우다. 일부러 말썽을 부리다.

① 就算公司不应在你生病期间将你辞退，你也应该通过法律程序解决，而不是每天在公司门口无理取闹。

② 他明知对方在无理取闹，却不知道如何处理，只好给经理打电话。

③ 我不是个无理取闹的人，只要你解释清楚昨天的事，我马上离开你的办公室。

辞退 cítuì 동 해고하다. 해직시키다.
程序 chéngxù 명 순서. 절차. 단계.
明知 míngzhī 동 명백히 알다. 분명히 알다. 확실히 알다.
处理 chǔlǐ 동 처리하다. (사물을) 안배하다. (문제를) 해결하다.

7. 莫名其妙 [mò míng qí miào]

莫[mò]: 아무도……하지 않다, ……하는 자가 없다; 名[míng]: 표현해 내다, 형용하다, 설명하다. 아무도 그 오묘한 이치를 설명할 수 없다. 일이 이상해서 이해할 수 없게 하다. [=莫明其妙]

① 大家你看看我，我看看你，都莫名其妙，不知道他为什么突然发火。

② 孩子经常会提一些莫名其妙的问题，这是好奇心旺盛的表现，父母应该认真对待。

③ 那次同学聚会之后，他就莫名其妙地不见了，很多年都没有他的消息。

④ 我进来时他们都对着我笑，笑得我莫名其妙，难道我脸上有脏东西？

发火 fāhuǒ 동 화를 내다. 성질을 부리다.

对待 duìdài 동 다루다. 대응하다. 대처하다.

聚会 jùhuì 명 집회. 모임. 회합.

难道 nándào 부 설마 ……란 말인가? 설마 ……하겠는가? 설마 ……는 아니겠지요? [주로 반어의 어기를 강조함.]

脏 zāng 형 더럽다. 불결하다. 지저분하다.

8. 岂有此理 [qǐ yǒu cǐ lǐ]

岂[qǐ]: 어찌 ……하겠는가, 설마 ……란 말인가. 어디 이런 경우가 있단 말인가? 어찌 이럴 수가 있단 말인가? 불합리한 현상에 대해 반대와 분노를 표시할 경우에 사용한다.

① 你撞了我，不但不道歉，还张口就骂人，真是岂有此理！

② 我看他心情不好，安慰他，他反而对我发火，简直岂有此理！

③ 你太天真了，现实中这种岂有此理的事情很多，怎么可能事事公平呢。

撞 zhuàng 동 부딪치다. 충돌하다.

道歉 dàoqiàn 동 사과하다. 사죄하다.

张口 zhāngkǒu 동 입을 열다〔벌리다〕.

安慰 ānwèi 동 위로하다. 안위하다.

简直 jiǎnzhí 부 그야말로. 너무나. 완전히. 정말로.

天真 tiānzhēn 형 머리가 단순하다. 생각이 유치하다.

9. 小心翼翼 [xiǎo xīn yì yì]

翼翼[yìyì]: 진지하고 조심하는 모양. 조심하고 신중하여 추호도 소홀함이 없다. 매우 조심스럽다. 조심조심하다.

① 东西就是给人用的，弄坏了我再给你买一个，你没必要这么小心翼翼。

② 回来的时候他的脸色很难看，我小心翼翼地问他发生了什么事情。

③ 自从生病后他的脾气变得很坏，我每天都过得小心翼翼的。

④ 门上响起小心翼翼的敲门声，我打开门一看，是个不认识的小姑娘。

脸色 liǎnsè 명 안색. 얼굴색.

自从 zìcóng 개 시간의 기점을 이끌어 냄. [과거를 가리킴.] ……부터. ……한 후.

脾气 píqi 명 성격. 성질. 기질.

响 xiǎng 동 소리가 나다. 울리다. 소리를 내다.

敲门 qiāomén 동 노크하다. 문을 두드리다.

확인하기 Ⅱ

1 빈 칸을 채우시오.

不相_______　　无理_______　　莫名_______　　_______此理

小心_______

2 뜻에 근거하여 알맞은 성어를 쓰시오.

(1) 哪里有这样的道理。　　(　　　　　)

(2) 不合情理地吵闹、找麻烦。　　(　　　　　)

(3) 分不出高低好坏。形容水平相当。　　(　　　　　)

(4) 形容事情很奇怪，使人无法理解。　　(　　　　　)

(5) 形容恭敬小心，一点儿不敢疏忽。　　(　　　　　)

吵闹 chǎonào 동 큰 소리로 말다툼하다. 시끄럽게 언쟁하다.

找麻烦 zhǎomáfan (자신이나 혹은 남에게) 골칫거리를 만들다. 귀찮게 하다. 폐를 끼치다.

高低 gāodī 명 우열. 승부. 고하.

相当 xiāngdāng 동 엇비슷하다. 대등하다. 맞먹다.

恭敬 gōngjìng 형 공손하다. 정중하다. 예의가 바르다.

疏忽 shūhu 동 소홀히 하다. 등한히 하다. 대수롭지 않게 여기다.

3 빈 칸에 들어갈 알맞은 성어를 쓰시오.

(1) 说实话，他们几位的演技的确___________，谁得奖我都不意外。

(2) 我拿起消毒药水___________地涂在他的伤口上，生怕弄疼了他。

(3) 店长说如果碰到___________的客人，也不用太客气，该怎么做就怎么做。

(4) 我是你亲姐姐，你不帮我，却去帮一个外人，真是___________！

(5) 你觉得小孩儿在旁边大叫大嚷是__________，其实他只是想引起你的关注。

(6) 我觉得最近他们俩之间有一种__________的紧张气氛，后来才知道他们俩喜欢上了同一个女生。

得奖 déjiǎng 동 상을 받다. 상장이나 상금을 받다.
意外 yìwài 형 의외의. 뜻밖의. 뜻하지 않은.
消毒 xiāodú 동 소독하다.
药水 yàoshuǐ 명 (액체 상태의) 물약.
涂 tú 동 (페인트, 색깔, 화장품, 약물 등을 물체에) 바르다. 칠하다.
伤口 shāngkǒu 명 상처.
生怕 shēngpà 동 (……할까 봐) 몹시 두려워하다. 매우 걱정하다.
外人 wàirén 명 남. 타인. 모르는 사람.
大叫大嚷 dàjiàodàrǎng 고래고래 고함지르다. 시끄럽게 떠들다.
关注 guānzhù 명 관심. 중시.

실력향상을 위한 종합연습

1 성어를 활용하여 대화를 완성하시오.

(1) A: 昨天你找老师要求加分，结果怎么样？

B: ____。（斩钉截铁）

(2) A: 听说你们俩都是网球高手，你们俩谁更厉害？

B: ____。（不相上下）

(3) A: 你觉得他们刚才搬的箱子里可能是什么东西？

B: ____。（小心翼翼）

(4) A: 刚才他为什么用那么可怕的眼神看你？

B: ____。（莫名其妙）

加分 jiāfēn 동 점수를 추가하다.
结果 jiéguǒ 명 결실. 결과.
高手 gāoshǒu 명 고수. 달인. 명수.
厉害 lìhai 형 대단하다. 굉장하다. 심각하다. 지독하다.
箱子 xiāngzi 명 상자. 박스. 케이스.
可怕 kěpà 형 두렵다. 무섭다. 소름이 끼치다. 무시무시하다.
眼神 yǎnshén 명 눈의 표정. 눈매. 눈빛.

2 빈 칸에 알맞은 성어를 써넣으시오.

在我们篮球队里，张河恩和王文山实力最强，水平__________。不过，他俩性格差异很大。张河恩不爱说话，你问他事情，他总是三言两语讲完就沉默了。

而王文山正好相反，只要开口，就__________。因为这一点，我一直觉得这两个人能成为好朋友是件令人___________的事情。

沉默 chénmò 동 침묵하다. 말을 하지 않다.
正好 zhènghǎo 부 마침.
开口 kāikǒu 동 입을 떼다. 입을 열다. 말을 하다.

3 단문을 읽고 내용에 근거하여 문제에 답하시오.

王老师和其他老师不一样，他真正从内心尊重学生，尊重学生的想法。在他的课堂上，学生可以**各抒己见**，可以**理直气壮**地和他争论。即使学生的观点明显是错误的，他也不会批评学生**无理取闹**，或者**岂有此理**，而是一步一步引导学生自己发现错误。因此，即使再胆小的学生在他的课堂上都不会**小心翼翼**，不敢发言。现在，你知道我们为什么都那么喜欢上王老师的课了吧？

(1) 学生们为什么都喜欢王老师？

(2) 在王老师的课堂上，学生们可以做什么？

(3) 学生犯错误的时候，王老师怎么对待？

(4) 胆小的学生在王老师的课上表现怎么样？

内心 nèixīn 명 마음. 마음속. 속내.
尊重 zūnzhòng 동 존중하다.
课堂 kètáng 명 교실.
争论 zhēnglùn 동 변론하다. 쟁론하다. 논쟁하다
批评 pīpíng 동 비판하다. 질책하다. 꾸짖다. 나무라다.
引导 yǐndǎo 동 안내하다. 지도하다. 유도하다.
胆小 dǎnxiǎo 형 담이 작다. 배짱이 없다. 겁이 많다. 소심하다.

第七课

见义勇为

见义勇为	理所当然	力所能及
竭尽全力	名副其实	家喻户晓
不言而喻	难能可贵	一如既往

chapter 07

1. 성어 뜻과 쓰임 익히기

1. 见义勇为 [jiàn yì yǒng wéi]

义[yì]: 의, 정, 올바른 도리; 为[wéi]: 하다, 만들다. 정의로운 일을 보고 용기를 내서 하다. 정의를 위해 용감하게 나서다. 불의를 보면 참지 못하다.

① 昨晚我被小偷偷了包，是他**见义勇为**，帮我追回了包，还送我回家。

② 他不顾危险，把你从水里救上来。像他这样**见义勇为**的好青年不多见了。

③ 这种**见义勇为**的人和行为，我们一定要好好采访、报道，让更多的人知道。

④ 我们打算成立一项基金，专门用于奖励**见义勇为**者。

不顾 búgù 동 고려하지 않다. 꺼리지 않다. 감안하지 않다.

成立 chénglì 동 (조직, 기구 등을) 창립하다. 설립하다. 결성하다.

基金 jījīn 명 어떤 사업을 창립하고 유지하고 발전시키기 위하여 적립하여 두는 자금. 기금. 기본금.

专门 zhuānmén 부 특별히. 오로지.

奖励 jiǎnglì 동 장려하다. 표창하다.

2. 理所当然 [lǐ suǒ dāng rán]

理[lǐ]: 도리; 当然[dāngrán]: 당연하다, 물론이다. 도리에 따라 반드시 이러해야 한다. 도리를 보아 당연하다. 당연히 그렇다.

① 他小时候被狗咬过，现在怕狗是**理所当然**的。

② 这个地方的传统就是小孩子读几年书就去学做生意，大家都觉得这种做法**理所当然**。

③ 我最晚到家，看到桌子上放着一碗汤，就**理所当然**地认为是给我喝的。

④ 干得好就奖励，干得不好就辞退，这不是**理所当然**的事情吗？

咬 yǎo [동] 깨물다. 베물다. 떼어 먹다.

做生意 zuòshēngyi 장사를 하다. 사업을 하다. [=做买卖(zuòmǎimai)]

3. 力所能及 [lì suǒ néng jí]

及[jí]: 도달하다, 이르다, 미치다. 자기 자신의 능력으로 달성할 수 있다. 힘이 닿는 데까지. [≠力所不及(자기 자신의 능력으로 달성할 수 없다.)]

① 家长应该让孩子做一些**力所能及**的家务，培养孩子的生活自理能力和责任心。

② 你尽管按自己的想法去做，我会在**力所能及**的范围内给你提供方便。

③ 他很优秀，人缘也很好。大家都很爱护他，**力所能及**地为他创造良好的工作环境和条件。

家务 jiāwù 명 가사. 집안일.

自理 zìlǐ 동 스스로 처리하다.

尽管 jǐnguǎn 부 얼마든지. 마음대로. 주저하지 않고. [조건의 한계 없이 마음대로 할 수 있음을 나타냄.]

范围 fànwéi 명 범위.

人缘 rényuán 명 인연. 인간관계. [특히 좋은 관계를 가리킴.]

4. 竭尽全力 [jié jìn quán lì]

竭尽[jiéjìn]: 다하다. 모든 힘을 다 기울이다. 전력을 다하다. 최선을 다하다. 혼신의 힘을 다하다.

① 我们只有三个人，缺人缺钱，就算我们竭尽全力，也不可能完成这个任务。

② 我们整个团队竭尽全力地干了一个月，终于拿出了一份满意的设计方案。

③ 为了推销产品，他几乎到了竭尽全力的地步，每天拜访二十位客户。

推销 tuīxiāo 동 판로를 확장하다. (어떠한 제품을) 마케팅 하다. 널리 팔다.
地步 dìbù 명 (도달한) 정도. 지경.
拜访 bàifǎng 동 방문하다. 예방하다.

확인하기 I

1 빈 칸을 채우시오.

见义_______　　理所_______　　力所_______　　_______全力

2 뜻에 근거하여 알맞은 성어를 쓰시오.

(1) 用尽全部力量。 (　　　　)

(2) 按道理应当这样。 (　　　　)

(3) 自己能力可以达到的。 (　　　　)

(4) 看见正义的事情就奋勇地去做。 (　　　　)

用尽 yòngjìn (방법, 생각, 수단 따위를) 다 쓰다. 모두 써 버리다.

应当 yīngdāng 동 반드시 ……해야 한다. ……하는 것이 마땅하다.

奋勇 fènyǒng 동 용기를 불러일으키다. 용기를 내다.

3 빈 칸에 들어갈 알맞은 성어를 쓰시오.

(1) 他__________，在消防车到来前冲入火场，救出了已经昏迷的老人。

(2) 虽然退休了，但我也不想闲着，还是想找点儿__________的工作做。

(3) 她是个以自我为中心的人，__________地认为所有的人都应当让着她。

(4) 他是班长，知道这件事后__________地报告了老师，却让同学很不满。

(5) 我已经__________地训练了，所以虽然没拿到冠军，我也没什么可后悔的。

消防 xiāofáng 명 소방. 소화와 방화. [消防车(소방차)]

冲 chōng 동 돌파하다. 돌진하다. 쳐부수다.

火场 huǒchǎng 명 화재 현장. 불이 난 곳.

昏迷 hūnmí 동 혼미하다. 의식불명이다. 인사불성이다.

退休 tuìxiū 동 퇴직하다. 퇴임하다. 은퇴하다.

让 ràng 동 ①사양하다. 양보하다. ②……하게 하다. ……하도록 시키다.

冠军 guànjūn 명 챔피언(champion). 우승(자). 우승팀. 1등.

2. 성어 뜻과 쓰임 익히기

5. 名副其实 [míng fù qí shí]

副[fù]: 부합하다, 들어맞다, 적합하다. 명성 혹은 명칭이 실제와 서로 부합되다. 명실상부하다. [≠名不副实(명성 혹은 명칭이 실제와 부합되지 않다. 유명무실하다.)]

① 慈善家并不都**名副其实**，有的人做慈善，其实只是为了提高自己的名声。

② 像他这样的才是**名副其实**的专家，能够把问题解释得准确、生动、易懂。

③ 他才十五岁，就在围棋全国比赛中获得冠军，**名副其实**地成为最年轻的棋王。

慈善 císhàn 형 동정심이 많다. 남을 배려하다. 자선을 베풀다. [慈善家(자선가)]
名声 míngshēng 명 명성.
围棋 wéiqí 명 바둑.

6. 家喻户晓 [jiā yù hù xiǎo]

喻[yù]: 알다, 이해하다; 晓[xiǎo]: 알다, 이해하다. 집집마다 모두 이해하고 모두 알다. 사람마다 모두 알다.

① 八十年代，电影《少林寺》红遍中国，不仅演员出名了，少林寺也从此家喻户晓。

② 刘翔在我国是一个陌生的名字，但在中国却是家喻户晓的人物。

③ 我们一定要大力宣传垃圾如何分类回收，力求做到家喻户晓。

④ 这件事你们私下解决不好吗？何必闹得家喻户晓呢？

红 hóng 형 인기가 있다. 사업 따위가 순조롭다. 성공적이다. 잘 팔리다.

陌生 mòshēng 형 생소하다. 낯설다. 눈에 익지 않다.

回收 huíshōu 동 (폐품이나 오래 된 물건을) 회수하다. 회수하여 이용하다.

力求 lìqiú 동 온갖 노력을 다하다. 몹시 애쓰다. 힘써 추구하다.

私下 sīxià 부 비공식으로.

何必 hébì 부 구태여 ……할 필요가 있는가. ……할 필요가 없다.

7. 不言而喻 [bù yán ér yù]

言[yán]: 말하다, 이야기하다. 설명하지 않아도 이해할 수 있다. 말할 필요도 없다. 이치가 분명하다.

① 儿童言语的发展和思维发展关系密切，这是**不言而喻**的。

② 他失去了一只眼睛，看和写都不方便，仍然坚持写作，其苦其累，**不言而喻**。

③ 他是家里的长子，父亲去世后，他要照顾弟妹，这是**不言而喻**的责任。

思维 sīwéi 명 사유.

密切 mìqiè 형 (관계가) 밀접하다. 긴밀하다. 친근하다.

失去 shīqù 동 잃다. 잃어버리다.

只 zhī 양 쌍으로 이루어진 것 중 하나를 세는 단위. 쪽. 짝.

长子 zhǎngzǐ 명 큰아들. 장자.

去世 qùshì 동 성인(成人)이 죽다. 세상을 뜨다.

8. 难能可贵 [nán néng kě guì]

하기 어려운 일을 뜻밖에 해내서 며우 훌륭하다. 매우 장하다. 아주 기특하다.

① 他作为一个大明星，这么多年几乎没有负面新闻，真是**难能可贵**。

② 他事业极为成功，可是对人依然谦虚有礼，这一点特别**难能可贵**。

③ 他六十岁了，经历丰富，却**难能可贵**地保持着对世界的好奇和热情。

④ 她的体形完美不完美无所谓，在我看来，**难能可贵**的是她能坚持锻炼。

负面 fùmiàn 형 소극적(인). 부정적(인).

依然 yīrán 부 여전히.

谦虚 qiānxū 형 겸손하다. 겸허하다.

有礼 yǒulǐ 형 예의가 바르다. 예절이 밝다.

无所谓 wúsuǒwèi 동 상관없다. 아랑곳없다. 개의치 않다.

9. 一如既往 [yī rú jì wǎng]

如[rú]:……와〔과〕같다, ……와〔과〕비슷하다; 既往[jìwǎng]: 과거, 이전, 이왕. 태도 혹은 방법이 아무런 변화 없이 지난날과 같다. 예나 지금이나 다름 없다.

① 那件事是我对不起他，但他对我还是一如既往，让我非常惭愧。

② 他在国际钢琴大赛中拿了第一名，回来后每天还一如既往地刻苦练琴。

③ 这款新游戏机有着一如既往的华丽外观和完美品质。

惭愧 cánkuì 형 부끄럽다. 창피하다. 송구스럽다.

刻苦 kèkǔ 형 노고를 아끼지 않다. 고생을 참아 내다. 몹시 애를 쓰다.

款 kuǎn 양 종류. 모양. 유형. 스타일.

华丽 huálì 형 화려하다. 아름답다.

확인하기 Ⅱ

1 빈 칸을 채우시오.

名副________　　家____户____　　________而喻　　难能________

一如________

2 뜻에 근거하여 알맞은 성어를 쓰시오.

(1) 不用说明就能明白。 (　　　　　)

(2) 名声或名称与实际相符合。 (　　　　　)

(3) 每家每户都明白、都知道。 (　　　　　)

(4) 极难做到的事居然做到了，非常可贵 。 (　　　　　)

(5) 态度或做法没有任何变化，完全像从前一样 。 (　　　　　)

符合 fúhé 동 부합하다. 들어맞다. 일치하다.

居然 jūrán 부 뜻밖에. 놀랍게도. 예상 외로. 생각 밖으로.

可贵 kěguì 형 귀중하다. 소중하다. 훌륭하다.

从前 cóngqián 명 이전. 종전. 옛날.

3 빈 칸에 들어갈 알맞은 성어를 쓰시오.

(1) 他只要一有空就坐下来读书，真是个__________的书虫。

(2) 她是位天才演员，二十几岁的时候就已经成了香港__________的电影明星。

(3) 虽然他中了一百万的大奖，但他的生活__________，既不讲究吃，也不讲究穿。

(4) 数据资产对于企业的重要性__________，存储、管理和保护好这些数据是非常重要的。

(5) 他无疑是位成功的企业家，然而，__________的是多年来他对慈善事业的支持。

(6) 我以为我帮过他之后，我们的关系会有所改善，谁知道他还是__________地严肃冷淡。

书虫 shūchóng 명 책벌레. 책 읽기를 몹시 좋아하는 사람.
中 zhòng 동 맞추다. 들어맞다. 명중하다. [中奖(당첨되다)]
讲究 jiǎngjiu 동 중요시하다. 소중히 여기다. ……에 신경 쓰다. ……에 주의하다.
数据 shùjù 명 데이터(data). (실험, 설계, 계획 등에 필요한) 통계 수치.
存储 cúnchǔ 동 (자료를 기억 장치에) 저장하다.
无疑 wúyí 형 의심할 바 없다. 틀림이 없다. 두 말 할 것 없다.
改善 gǎishàn 동 개선하다. 개량하다.
严肃 yánsù 형 (표정, 기분 등이) 엄숙하다. 근엄하다.
冷淡 lěngdàn 형 쌀쌀하다. 냉담하다. 냉정하다.

실력향상을 위한 종합연습

1 성어를 활용하여 대화를 완성하시오.

(1) A: 她长得也不是特别漂亮，为什么有那么多男生喜欢她呢？

B: ________________________________。（理所当然）

(2) A: 我跟他只是普通朋友，不过看到他那么困难，心里还是有点难过。

B: ________________________________。（力所能及）

(3) A: 你知道姚明吗？

B: ________________________________。（家喻户晓）

(4) A: 比赛的结果还没有正式宣布，你怎么知道张伟输了，王强赢了？

B: ________________________________。（不言而喻）

难过 nánguò 형 괴롭다. 슬프다. 견디기 어렵다.

宣布 xuānbù 동 선포하다. 공표하다. 발표하다.

输 shū 동 패하다. 지다. 잃다.

赢 yíng 동 승리하다. 이기다.

2 빈 칸에 알맞은 성어를 써넣으시오.

我弟弟陈阳，朋友都叫他小太阳，是个__________的热心肠。昨天回家路上，他看到有人落水，想都不想就跳下去救人。 不过回家后，我狠狠地说了他一顿，因为就算他想__________，也得看看是不是他__________的事情啊。他自己都不太会游泳，竟然还下水救人，那不是两个人都危险吗？

热心肠 rèxīncháng 명 적극적이고 따뜻한 마음씨. 열성. 열의. 적극적이고 따뜻한 마음씨를 가진 사람.
落水 luòshuǐ 동 물에 빠지다.
狠狠 hěnhěn 부 잔인하게. 호되게. 매섭게.
下水 xiàshuǐ 동 물에 들어가다.

3 단문을 읽고 내용에 근거하여 문제에 답하시오.

我的偶像是一位现在可以说家喻户晓的演员。他在二十几岁事业处于上升期的时候，遭遇了严重的车祸，差点儿毁容。治疗了一年多以后，他复出拍片。尽管存在各种各样的困难，但他竭尽全力，珍惜每一次机会。经过十年的艰苦努力，他赢得了广大观众的喜爱，获得了各种大奖。难能可贵的是，在荣誉面前，他一如既往地谦虚低调，认为自己只是做了一名演员力所能及的事情。

(1) "我"的偶像是什么人？

(2) 受伤后重新开始工作，他是怎样获得成功的？

(3) 面对荣誉的时候，"我"的偶像是什么态度？

偶像 ǒuxiàng 명 우상.

处于 chǔyú 동 (사람, 사물이 어떤 지위, 상태, 환경, 시간에) 처하다. 놓이다.

遭遇 zāoyù 동 조우하다. (적 또는 불행한 일을) 만나다. 맞닥뜨리다. 당하다.

车祸 chēhuò 명 자동차 사고. 교통사고.

差点儿 chàdiǎnr 부 하마터면. 잘못하면.

毁容 huǐróng 동 얼굴을 망가뜨리다〔훼손하다〕.

复出 fùchū 동 직책을 내놓거나 사회 활동을 중단한 사람이 다시 나와서 직책을 맡거나 사회 활동을 재개하다. [주로 유명 인사를 가리킴.]

拍片 pāipiàn 동 영화를 찍다.

珍惜 zhēnxī 동 진귀하게 여겨 아끼다. 소중히 여기다.

艰苦 jiānkǔ 형 어렵고 고달프다. 가난하고 고생스럽다.

荣誉 róngyù 명 명예. 영예.

低调 dīdiào 형 떠벌리지 않다. 퍼뜨리지 않다. 방법이 비교적 온화하다.

第八课

爱不释手

爱不释手	博大精深	空前绝后
无穷无尽	新陈代谢	迫不及待
后顾之忧	迄今为止	

chapter 08

1. 성어 뜻과 쓰임 익히기

1. 爱不释手 [ài bù shì shǒu]

释[shì]: 놓다, 떼다. 너무나 좋아해서 차마 손에서 놓으려 하지 않다. 매우 좋아하다. 잠시도 손에서 놓지 않다.

① 她对这条裙子的款式和颜色都非常满意，爱不释手，但价格实在是高，于是她开始和老板讨价还价。

② 这部长篇小说不论是内容还是语言都十分吸引人，让人爱不释手。

③ 对这幅画爱不释手的可不只你一个人，很多顾客都看中了这幅画。

④ 我拿着那个小泥人爱不释手地看了又看，被他面部生动的表情深深吸引了。

款式 kuǎnshì 명 스타일. 타입. 양식. 격식.

幅 fú 양 옷감, 종이, 그림 등을 세는 단위. 폭.

泥人 nírén 명 점토 인형. 흙 인형.

面部 miànbù 명 얼굴. 안면.

2. 博大精深 [bó dà jīng shēn]

博[bó]: 풍부하다, 많다. 사상, 학식이 풍부하고 심오하다.

① 我越学越发现这个专业**博大精深**，非下苦功才能学好。

② 这位学者的好头脑是父母给的，但他**博大精深**的学问毫无疑问是后天的。

③ 通过这么多天的参观访问活动，我了解到这个民族文化的**博大精深**。

非 fēi 부 무슨 일이 있더라도 ……하지 않으면 안 된다. 꼭. 반드시. 필히. [‘不可, 不成, 不行’ 등과 호응함.]

下 xià 동 사용하다. 쓰기 시작하다.

苦功 kǔgōng 명 각고의 노력. 피눈물 나는 노력.

头脑 tóunǎo 명 두뇌. 머리.

后天 hòutiān 명 후천(적).

3. 空前绝后 [kōng qián jué hòu]

워낙 독특하여 비교할 만한 것이 이전에도 없고 이후에도 없을 것이다. 유일무이함을 과장되게 비유한다. 고금을 통틀어 유일하다. 전무후무(前無後無)하다.

① 他在世界杯上射进的那精彩的一球，可以说在足球史上空前绝后。

② 圣诞节前，所有的商家都大力促销，都声称自己的价格空前绝后。

③ 由于统治者的支持，那个时期佛教获得了空前绝后的发展。

④ 那部电影虽然相当出色，但说它是空前绝后的作品还是有点儿夸张了。

世界杯 shìjièbēi 명 월드컵 축구 대회. [国际足联世界杯(FIFA World Cup)]의 약칭.
射 shè 동 쏘다. 발사하다. 숏하다.
促销 cùxiāo 동 판매를 촉진시키다. 판촉하다.
声称 shēngchēng 동 표명하다. 공언하다. 공공연하게 말하다.
出色 chūsè 형 특별히 좋다. 대단히 뛰어나다. 보통을 넘다.

4. 无穷无尽 [wú qióng wú jìn]

穷[qióng]: 다하다, 끝나다. 한계가 없다. 끝이 없다. 무궁무진하다. 무진장하다.

① 榜样的力量无穷无尽。每次灰心的时候，想想他，我就会重新振作起来。

② 进入这家公司后，生活似乎就没有了其他内容，只剩下无穷无尽的加班。

③ 在两个人的关系中，一方无穷无尽地付出，而得不到多少回报，这样的关系会长久吗？

榜样 bǎngyàng 명 모범. 본보기. 귀감.

灰心 huīxīn 동 낙담하다. 낙심하다. 의기소침하다.

振作 zhènzuò 동 진작시키다. 활기를 찾다. 분발하다.

剩下 shèngxià 동 남다. 남기다.

回报 huíbào 동 보답하다.

长久 chángjiǔ 형 장구하다. 매우 길고 오래다.

확인하기 I

1 빈 칸을 채우시오.

爱不________　　博___精___　　空___绝___　　无___无___

2 뜻에 근거하여 알맞은 성어를 쓰시오.

(1) 没有极限，没有尽头。　　(　　　　　)

(2) 形容超越古今，独一无二。　　(　　　　　)

(3) 形容思想、学识等丰富高深。　　(　　　　　)

(4) 喜爱得不愿放开手。形容十分喜爱。　　(　　　　　)

极限 jíxiàn 명 극한. 궁극의 한계. 최대한도.

尽头 jìntóu 명 막바지. 말단. 말미. 끝머리.

独一无二 dúyīwú'èr 성 유일하다. 하나밖에 없다. 같은 것이 없다. 비교할 것이 없다.

高深 gāoshēn 형 (학문, 기술의) 정도가 깊다. 수준이 높다.

放手 fàngshǒu 동 물건을 잡았던 손을 놓다.

3 빈 칸에 들어갈 알맞은 성어를 쓰시오.

(1) 通过茶叶博物馆的参观活动，使我了解到茶文化的__________。

(2) 我也见过懒人，但像你这样，懒到连饭也不吃的，绝对是__________。

(3) 德国哲学__________，能拿到德国哲学博士学位的外国人不多。

(4) 每个人都说爱情是甜蜜的，为什么我觉得我的爱情中有着__________的烦恼呢？

(5) 他是个爱读书的人，自从买了Kindle，对它简直__________，走到哪儿都带着。

懒人 lǎnrén 명 게으른 사람. 게으름뱅이.
甜蜜 tiánmì 형 달콤하다. 유쾌하다. 행복하다.
烦恼 fánnǎo 형 번뇌하다. 걱정하다. 마음을 졸이다. 걱정스럽다.

2. 성어 뜻과 쓰임 익히기

5. 新陈代谢 [xīn chén dài xiè]

陈[chén]: 낡다, 오래 되다; 代[dài]: 대체하다, 교체하다, 바꾸다; 谢[xiè]: (꽃, 잎 등이) 지다, 떨어지다, 시들다, 쇠락하다. 생물체가 계속해서 새로운 물질로 낡은 물질을 대체하는 과정. 새로운 사물이 계속하여 발생하고 발전하여 쇠퇴하는 낡은 사물을 대체하는 것. 낡은 것이 없어지고 새 것이 대신 생겨나는 일. 신진대사.

① 运动可以加快身体的**新陈代谢**，消耗更多的热量，从而减轻体重。

② **新陈代谢**是宇宙的普遍规律，不论是自然界还是人类社会都是不断发展的。

③ 词汇不断**新陈代谢**再正常不过了，这样才能满足语言表达的需要。

加快 jiākuài 동 빠르게 하다. 속도를 올리다.

消耗 xiāohào 동 소모하다. 소모시키다.

减轻 jiǎnqīng 동 중량, 수량, 혹은 정도가 감소하다. 줄다. 낮아지다.

……不过 …… bùguò 부 대단히. 몹시. 지극히. 심히. [형용사 성질의 어구 혹은 이음절 형용사 뒤에 쓰여 정도가 가장 높음을 나타냄.]

6. 迫不及待 [pò bù jí dài]

迫[pò]: 급박하다, 긴급하다, 절박하다. 절박해서 잠시도 기다릴 수 없다. 사태가 절박하여 우물쭈물할 여유가 없다. 마음이 매우 다급하다.

① 你就别再滔滔不绝了，快点儿宣布结果吧，我们都已经**迫不及待**了。

② 看他神神秘秘的样子，我**迫不及待**地拆开礼物，原来是我找了好久却没找到的一本书。

③ 如果你能了解我们**迫不及待**的心情，那就早点儿出发吧，让我们早点儿到达目的地。

神秘 shénmì 형 신비하다.
拆 chāi 동 붙여 놓은 것을 뜯다. 떼어 내다.

7. 后顾之忧 [hòu gù zhī yōu]

顾[gù]: 뒤돌아보다, 돌이켜보다, 바라보다, 회고하다; 忧[yōu]: 근심하다, 걱정하다, 우려하다. 돌이켜 봐야 하는 걱정이나 근심. 앞으로 나아가거나 외출해 있는 중에 후방, 집으로부터 온 혹은 미래에 대한 근심, 걱정.

① 我们为职员提供完善的退休计划，解决了后顾之忧，他们才能一心一意地工作。

② 好好规划你的财富，购买保险，合理投资，未来的生活才不会有后顾之忧。

③ 我的妻子非常能干，料理家务，照顾老人和孩子，让我工作起来没有任何后顾之忧。

规划 guīhuà 동 기획하다. 계획하다. 꾀하다.
财富 cáifù 명 부(富). 재산. 자산.
购买 gòumǎi 동 사다. 구매하다.
保险 bǎoxiǎn 명 보험.
合理 hélǐ 형 도리에 맞다. 합리적이다.
投资 tóuzī 동 특정 목적을 달성하기 위해 자금을 투입하다. 투자하다.
能干 nénggàn 형 유능하다. 재능 있다. 능란하다.
料理 liàolǐ 동 돌보다. 보살피다. 처리하다.

8. 迄今为止 [qì jīn wéi zhǐ]

迄[qì]: ……까지 이르다. 지금에 이르기까지.

① 迄今为止，我的大学已经出了两位总统，五位诺贝尔奖得主。

② 他找我借了十万元钱，但迄今为止，他没有还一分钱，也不再和我联系了。

③ 爱迪生是迄今为止人类历史上最伟大的发明家之一。

总统 zǒngtǒng 명 대통령.

得主 dézhǔ 명 시합이나 선발 대회의 수상자.

还 huán 동 돌려주다. 갚다. 반납하다. 상환하다.

爱迪生 Àidíshēng 명 에디슨(Edison, 미국의 발명가).

확인하기 Ⅱ

1 빈 칸을 채우시오.

新陈_______　　迫不_______　　_______之忧　　_______为止

2 뜻에 근거하여 알맞은 성어를 쓰시오.

(1) 到现在为止。 (　　　　)

(2) 新事物不断发生发展，代替不断衰亡的旧事物。 (　　　　)

(3) 急迫得不能再等待。形容心情十分急切。 (　　　　)

(4) 指在前进、外出过程中，来自后方、家里或未来的忧虑。

(　　　　)

为止 wéizhǐ 동 ……(으)로 마감하다. 일단락 짓다. 마치다. 정지하다. [주로 시간, 진도 등에 쓰임.]

代替 dàitì 동 대체하다. 대신하다.

衰亡 shuāiwáng 동 쇠퇴하여 멸망하다. 쇠망하다.

急迫 jípò 형 다급하다. 촉박하다. 급박하다.

急切 jíqiè 형 절박하다. 절실하다. 촉박하다.

忧虑 yōulǜ 동 우려하다. 걱정하다.

3 빈 칸에 들어갈 알맞은 성어를 쓰시오.

(1) 听说辣椒热量低，还能促进____________，有较强的减肥作用，是真的吗？

(2) 我们将竭尽全力为老师们的教学和研究提供条件和保障，解决老师们的____________。

(3) 他在兴奋中一口气写完了这支曲子，这也是他____________创作的最满意的曲子。

(4) 我们店里的电器，三十天内可以退换，两年内免费修理，顾客在我们这里买电器没有任何____________。

(5) 预报说今天晚上有月食。吃过晚饭，我就__________地搬了一把椅子坐在院子里等着看。

辣椒 làjiāo 명 고추.

促进 cùjìn 동 촉진시키다. 촉진하다. 재촉하다. 독촉하다.

兴奋 xīngfèn 형 (감정을) 불러일으키다. 격동하다. 격분하다. 흥분하다.

一口气 yìkǒuqì 부 단숨에. 단번에. 한 번에.

支 zhī 양 노래나 악곡을 세는 단위. 곡.

曲子 qǔzi 명 노래. 악보. 멜로디.

电器 diànqì 명 가전제품. 가전.

退换 tuìhuàn 동 적합하지 않은 것을 물리고 적합한 것으로 바꾸다. 교환하다.

免费 miǎnfèi 동 돈을 받지 않다. 무료로 하다. 돈 낼 필요가 없다.

月食 yuèshí 명 월식.

过 guo 조 동사 뒤에 쓰여 동작의 완료를 나타냄.

실력향상을 위한 종합연습

1 성어를 활용하여 대화를 완성하시오.

(1) A: 你昨天新买的手机用起来感觉怎么样？

B: ________________________________。（爱不释手）

(2) A: 你研究古典文学这么多年，一定非常精通了吧？

B: ________________________________。（博大精深）

(3) A: 你留学四个月了，你爸爸妈妈今天要来看你？

B: ________________________________。（迫不及待）

(4) A: 首先要说明的是新来的职员要经常出差，你有困难吗？

B: ________________________________。（后顾之忧）

精通 jīngtōng 동 정통하다. 통달하다.

首先 shǒuxiān 부 맨 먼저. 우선. 무엇보다 먼저.

出差 chūchāi 동 출장 가다.

2 빈 칸에 알맞은 성어를 써넣으시오.

我有一个似乎比较“古老”的爱好，就是集邮。现在我们很少使用邮票了，不过我会想方设法地收集世界各地的邮票。每次找到一张喜欢的邮票，我都会__________地反复欣赏半天。在邮票的世界里，我体会到__________的乐趣。__________，我已经收集了二十多个国家近千张邮票。我还会继续收集下去的。

古老 gǔlǎo 형 오래 되다.

集邮 jíyóu 동 우표를 수집하다.

欣赏 xīnshǎng 동 감상하다.

体会 tǐhuì 동 체험하여 터득하다. 경험하여 알다. 이해하다.

3 단문을 읽고 내용에 근거하여 문제에 답하시오.

人类社会任何一个领域的基本规律都是**新陈代谢**，不过总有一些人会永远地被世人记住，比如贝多芬。他是一位举世闻名的音乐家，在我看来，他甚至可以说是古典音乐史上**空前绝后**的音乐家。身体上的残疾和精神上的打击都没有击倒他，反而成就了《英雄交响曲》、《命运交响曲》等众多伟大的作品。每次遭遇挫折的时候，我都能从他的音乐里汲取**无穷无尽**的力量，重新恢复斗志。

(1) "我"认为人类社会的一个基本规律是什么？

(2) "我"对贝多芬有什么样的评价？

(3) "我"为什么喜爱贝多芬的音乐？

领域 lǐngyù 명 분야. 영역.
世人 shìrén 명 세상사람. 세인. 일반 사람.
贝多芬 Bèiduōfēn 명 베토벤(Beethoven, 독일의 작곡가).
残疾 cánjí 명 불구. 장애.
打击 dǎjī 동 타격을 주다. 공격하다. 의욕이나 기를 꺾다.
击倒 jīdǎo 동 쓰러지다. 때려눕히다.
挫折 cuòzhé 명 좌절. 실패.
汲取 jíqǔ 동 흡수하다. 빨아들이다. 끌어내다. 얻다.
斗志 dòuzhì 명 투지. 투혼.

第九课

画蛇添足

画蛇添足	刻不容缓	当务之急
从容不迫	雪上加霜	轻而易举
举足轻重	微不足道	

09

chapter

1. 성어 뜻과 쓰임 익히기

1. 画蛇添足 [huà shé tiān zú]

전국(战国)시대 초(楚)나라 사람이, 땅에 뱀을 그려 가장 먼저 그리는 사람이 술을 마실 수 있는 놀이를 하였다. 첫 번째 사람은 뱀을 모두 그렸는데도 불구하고 다시 네 개의 발을 추가해서 그리는 사이에, 두 번째 사람도 뱀을 모두 그렸고, 첫 번째 사람은 존재하지 않는 뱀의 발을 더 그려 넣느라 오히려 자신의 것이었던 술을 두 번째 사람에게 빼앗기게 되었다. 쓸데없는 짓을 하여 도리어 일을 잘못되게 하다. 재주를 피우려다 일을 망치다. 사족을 붙이다.

① 我觉得这部电影整体上不错，不过有两个细节画蛇添足，对表现人物关系没有用处。

② 误会嘛，解释两句就行了，你又画蛇添足地说了一堆，反而让人感觉你是故意做的。

③ 现在生活水平高，孩子们正常吃饭就能满足身体发育的需要，家长另外给他们补充保健品无异于画蛇添足。

整体 zhěngtǐ 명 집단이나 사물의 전부. 전체. 총체.

细节 xìjié 명 (작품 속 인물의 성격이나 사물의 특징에 대한) 섬세한 묘사. 세부 묘사.

用处 yòngchù 명 쓸모. 용도. 용처.

无异 wúyì 동 다르지 않다. 똑같다.

保健品 bǎojiànpǐn 명 건강보조식품.

2. 刻不容缓 [kè bù róng huǎn]

刻[kè]: 짧은 시간; 缓[huǎn]: 미루다, 늦추다, 연기하다. 형세 혹은 일이 긴박하여 일각도 지체할 수 없다. 잠시도 늦출 수 없다.

① 改善低收入人群的居住条件已经刻不容缓，政府再困难，这笔钱也不能不出。

② 秋冬干燥，森林防火是一项刻不容缓的任务，有关部门必须给予高度重视。

③ 这款汽车发动机设计存在问题，汽车公司必须刻不容缓地召回所有车辆。

人群 rénqún 명 군중. 무리.
居住 jūzhù 동 비교적 긴 시간동안 한 곳에 살다. 거주하다.
笔 bǐ 양 돈이나 그와 관련된 것에 쓰임. 몫. 건.
干燥 gānzào 형 건조하다.
防火 fánghuǒ 동 화재를 방지하다.
给予 jǐyǔ 동 주다. 베풀어 주다. [주로 서면어에 쓰임.]
发动机 fādòngjī 명 발동기. 엔진. 모터.
召回 zhàohuí 동 소환(召還)하다. 불러들이다. 회수[리콜]하다.

3. 当务之急 [dāng wù zhī jí]

务[wù]: 종사하다, 힘을 쏟다, 노력하다. 현 단계에서 해야 할 모든 일 중에서 가장 중요하고 급히 처리해야 하는 일. 급선무.

① 你才十几岁，当务之急是学习，而不是打工赚钱。

② 一次考试多几分少几分无所谓，当务之急是帮助他培养良好的学习习惯。

③ 你别再讲大道理了，大家各抒己见，拿出可行的解决方案才是当务之急。

可行 kěxíng 형 실행할 만하다. 가능하다. 할 수 있다.

大道理 dàdàoli 명 비현실적인 도리〔이치〕. 표면상의 원칙.

4. 从容不迫 [cóng róng bù pò]

从容[cóngróng]: 침착하다, 조용하다, 허둥대지 않다, 태연자약하다; 迫[pò]: 급박하다, 긴급하다, 촉박하다. 뜻밖의 사고를 당하고도 매우 침착하고 허둥대지 않다. 태연자약하다. 매우 침착하다.

① 他准备得非常充分，即使答辩委员们对他提出了很多问题，他依然从容不迫。

② 她似乎天生就是一个从容不迫的人，你能看出来这是她第一次公开演讲吗？

③ 他经验丰富，地震开始的时候，他从容不迫地组织大家依次下楼，没有发生任何混乱。

④ 他说得从容不迫，似乎他正在说的不过是一件小事，而不是危及生命的病情。

答辩 dábiàn 동 답변하다.

天生 tiānshēng 형 타고난. 선천적인. 자연적으로 생긴.

地震 dìzhèn 명 지진.

依次 yīcì 부 순서에 따라. 차례대로.

混乱 hùnluàn 형 혼란하다. 문란하다. 어지럽다.

危及 wēijí 동 위험이 미치다.

확인하기 I

1 빈 칸을 채우시오.

画蛇________　　刻不________　　当务________　　从容________

2 뜻에 근거하여 알맞은 성어를 쓰시오.

(1) 形容遇事镇静不慌。　(　　　　　)

(2) 比喻做事时多此一举，反而坏事。　(　　　　　)

(3) 形容形势或事情非常紧迫，片刻也不能拖延。　(　　　　　)

(4) 当前所有应做的事情中最要紧的、最急需办的事。　(　　　　　)

镇静 zhènjìng 형 냉정하다. 침착하다. 차분하다.

慌 huāng 형 허둥대다. 당황하다. 갈팡질팡하다. [不慌(당황하지 않다)]

多此一举 duōcǐyījǔ 성 불필요한 짓을 하다. 쓸데없는 짓이다.

坏事 huàishì 동 일을 망치다〔그르치다〕.

紧迫 jǐnpò 형 급박하다. 긴박하다.

片刻 piànkè 명 잠깐. 잠시.

拖延 tuōyán 동 (시간을) 끌다. 지연하다. 연기하다. 늦추다. 연장하다.

当前 dāngqián 명 현재. 현 단계. 목전. 오늘.

要紧 yàojǐn 형 중요하다. 긴요하다.

3 빈 칸에 들어갈 알맞은 성어를 쓰시오.

(1) 你们别吵了，__________是找到走失的孩子，而不是争吵该谁负责。

(2) 这幅画本身就很好了，你偏要在旁边题诗，结果反而__________。

(3) 海洋环境总体质量呈现継续恶化趋势，保护海洋环境已经__________。

(4) 整场比赛他都表现得__________，而他的对手在比分落后之后，就打得比较急躁了。

(5) 读完那个故事，我觉得作者在结尾对人生的感叹实在有点儿__________，直接在故事的高潮部分结束更好。

走失 zǒushī 동 행방불명이 되다. 실종되다. 잃어버리다.

争吵 zhēngchǎo 동 말다툼하다. 큰 소리로 언쟁하다.

偏 piān 부 기어코. 일부러. 굳이.

题诗 tíshī 동 시를 쓰다.

呈现 chéngxiàn 동 나타나다. 드러나다. 양상을 띠다.

趋势 qūshì 명 추세.

比分 bǐfēn 명 (경기에서의) 점수. 득점.

落后 동 뒤쳐지다. 낙오하다.

急躁 jízào 형 초조해하다. 안달하다. 마음을 졸이다. 화를 잘 내다.

结尾 jiéwěi 명 결말. 결미. 마무리 단계. 최종 단계.

感叹 gǎntàn 동 탄식하다. 한탄하다.

高潮 gāocháo 명 (소설, 연극, 영화의) 클라이맥스(climax). 절정. 고조.

2. 성어 뜻과 쓰임 익히기

5. 雪上加霜 [xuě shàng jiā shuāng]

재앙이 연이어 오다. 고생에 고생이 더해지다. 눈 위에 서리가 내리다. 엎친 데 덮친 격이다. 설상가상.

① 我们上半年的经营状况不好，如果再丢了这个大客户，就会使公司雪上加霜。

② 他刚刚被工厂辞退，妻子又被查出得了癌症，真是雪上加霜。

③ 他考试没考好，你应该安慰和鼓励他，不要雪上加霜地责骂他。

客户 kèhù 명 거래처. 바이어.
工厂 gōngchǎng 명 공장.
癌症 áizhèng 명 암.
责骂 zémà 동 책망하며 욕하다. 호되게 욕하다. 꾸짖다.

6. 轻而易举 [qīng ér yì jǔ]

일을 하기 쉬워서 힘들일 필요 없다. 매우 수월하다. 식은 죽 먹기이다.

① 这半年他长高了很多，现在已经可以轻而易举地拿到柜子上层的东西了。

② 培养健康的饮食习惯不是一件轻而易举的事情，可能一个星期后你就特别想吃油炸食物。

③ 开店的话，我们的手艺是无须怀疑的，只要有启动资金，接下来一切就轻而易举了。

柜子 guìzi 명 캐비닛(cabinet). 궤짝. 장롱.

油炸 yóuzhá 동 기름에 튀기다. 식용유로 튀기다.

开店 kāidiàn 동 가게를 열다. 상점을 개업하다.

无须 wúxū 부 ……할 필요가 없다. 필요로 하지 않다. [=无需]

启动 qǐdòng 동 (법령이나 장기적인 계획, 방안 등을) 실시하기 시작하거나 시행하다.

7. 举足轻重 [jǔ zú qīng zhòng]

다리를 움직이기만 하면 양쪽의 무게에 영향을 미치다. 대단히 중요한 위치에 있어서 일거수일투족이 전체에 중대한 영향을 끼치다.

① 这三家集团公司规模庞大，实力雄厚，对本国经济的影响举足轻重。

② 回国工作还是不回，他正在犹豫，你的判断无疑将起着举足轻重的作用。

③ 他四十岁就当上了警察局局长，在这个小城市里也是一位举足轻重的人物了。

④ 现在双方的票数相当，这时候你的立场和选择就变得举足轻重了。

集团 jítuán 명 기업. 그룹(group).

庞大 pángdà 형 (형체, 조직, 혹은 수량 등이) 매우 크다. 방대하다. 거대하다. [지나치게 크거나 크기만 하고 실용적이지 않다는 의미를 포함함.]

雄厚 xiónghòu 형 (인력, 물자 등이) 풍부하다. 충분하다. 충족하다.

犹豫 yóuyù 형 머뭇거리다. 주저하다. 망설이다.

8. 微不足道 [wēi bù zú dào]

微[wēi]: 경미하다, 미약하다, 작다; 足[zú]: 충분히, 넉넉히, 족히; 道[dào]: 말하다. 하찮아서 언급할 가치도 없다. 보잘것없다.

① 跟你们这些千万富翁比起来，我的这点财产根本就微不足道。

② 在无穷无尽的宇宙中，地球也不过是一颗微不足道的行星。

③ 虽然我就是个微不足道的小人物，但我一样有自己的原则和自尊。

④ 你的作品当然是努力画的，但和大师的放在一起，就显得微不足道了。

富翁 fùwēng 명 부자. 부호(富豪).

不过 búguò 부 ……에 불과하다. ……에 지나지 않다.

行星 xíngxīng 명 행성. 유성. 혹성.

小人物 xiǎorénwù 명 사회적으로 지위가 없고 유명하지도 않아 영향력이 없는 사람. 하찮은 사람. 작은 인물.

확인하기 Ⅱ

1 빈 칸을 채우시오.

____上加____　　轻而________　　举足________　　微不________

2 뜻에 근거하여 알맞은 성어를 쓰시오.

(1) 很微小，不值得一提。 (　　　　　)

(2) 形容事情容易做，不费力气。 (　　　　　)

(3) 比喻灾祸接连而至，苦上加苦。 (　　　　　)

(4) 比喻所处地位重要，一举一动对全局有重大影响。 (　　　　　)

微小 wēixiǎo 형 극히 작다. 매우 작다.

费 fèi 동 소비하다. 쓰다. 들이다.

力气 lìqi 명 힘. 역량.

灾祸 zāihuò 명 (자연이나 인위적인) 재해. 화. 재난.

接连 jiēlián 동 연속하다. 잇달다.

一举一动 yījǔyīdòng 성 일거수일투족. 모든 행동. 한 사람의 언행.

全局 quánjú 명 전체 국면. 대세. 전체적인 판국.

3 빈 칸에 들어갈 알맞은 성어를 쓰시오.

(1) 他母亲刚刚去世，你这个时候提出分手，不是给他__________吗？

(2) 尽管你们大学发展得很快，但从全国范围来看，你们的影响力还算不上____________。

(3) 这位芭蕾舞演员的成功不是偶然的，也不是_________得来的，她背后的努力是别人的若干倍。

(4) 对手实力不强，本以为他可以_________地赢得比赛。没想到对手打得非常顽强，最后他不过以微弱的比分获胜。

(5) 我的这点儿捐款对灾区的需要来说_________，但是如果大家每个人都捐一点儿，就可以有很大的帮助。

算不上 suànbushàng ……로 칠 수 없다 ……라고 할 수 없다. 손에 꼽히지 않다.
芭蕾舞 bālěiwǔ 명 발레.
偶然 ǒurán 형 우연하다.
背后 bèihòu 명 뒤쪽. 뒷면. 배후.
顽强 wánqiáng 형 완강하다. 억세다. 드세다. 강경하다.
微弱 wēiruò 형 미약하다. 가냘프다.
获胜 huòshèng 동 승리를 얻다. 이기다. 승리하다.
捐款 juānkuǎn 명 기부금. 성금. 헌납금.

실력향상을 위한 종합연습

1 성어를 활용하여 대화를 완성하시오.

(1) A: 今天这个场合挺严肃的，你觉得她黑西装加胸口的玫瑰插花这身打扮怎么样？

B: ______________________________。（画蛇添足）

(2) A: 最近太忙了，我每天只能睡3个小时，时不时觉得头晕。

B: ______________________________。（当务之急）

(3) A: 我刚知道你下课后经常去养老院陪伴那里的老人，你真了不起。

B: ______________________________。（微不足道）

(4) A: 你一直说你很佩服他。你最佩服他什么呢？

B: ______________________________。（从容不迫）

身 shēn 양 의복을 세는 단위. 벌. 착.

打扮 dǎban 명 차림(새). 치장. 단장. 분장.

时不时 shíbùshí 부 자주. 늘. 언제나.

头晕 tóuyūn 동 현기증이 나다. 머리가 어지럽다. 어질어질하다.

陪伴 péibàn 동 동무가 되다. 짝이 되다. 모시다. 동반하다.

佩服 pèifú 동 탄복하다. 감탄하다. 경탄하다.

2 빈 칸에 알맞은 성어를 써넣으시오.

我父亲是一所著名大学的校长，他的身上有一种成熟男性的魅力。任何时候、任何情况下，他都表现得＿＿＿＿＿＿，似乎所有的问题在他那里都能＿＿＿＿＿＿地解决。事实上，迄今为止，他也确实在各个方面都做得很成功。工作上，他全心投入，在教育界已经有着＿＿＿＿＿＿的地位；生活中，他关心家人和朋友，在需要的时候，他总能成为他们的依靠。我希望将来我也能成为父亲那样的人。

魅力 mèilì 명 매력.

投入 tóurù 형 일을 하는데 있어서 정신을 집중하다. 전력투구하다. 최선을 다하다.

依靠 yīkào 명 지지자. 후원자. 의지할 수 있는 사람 또는 사물.

3 단문을 읽고 내용에 근거하여 문제에 답하시오.

他回忆说，那一年的自然灾害接二连三。西南地区受灾最严重，夏天发生了特大地震，雪上加霜的是，紧接着又出现了百年来最大的暴雨。尽管环境危险，天气恶劣，但救灾工作刻不容缓。短短一段时间，全社会就捐出了大量的钱和物，很多人还自愿前往灾区救助。那时候，人们的想法高度一致：个人的力量微不足道，但是全国一心，一定能够帮助灾区人民度过难关。这让他深深地体会到，原来每个人都从心底里爱着自己的国家和人民。

(1) 他对那一年有什么样的印象？

(2) 那一年西南地区的情况怎么样？

(3) 救灾工作进行得怎么样？

(4) 灾害发生后，人们都有什么样的想法？

受灾 shòuzāi 동 재해를 입다. 피해를 입다.
恶劣 èliè 형 아주 나쁘다. 열악하다.
救灾 jiùzāi 동 이재민을 구제하다.
捐 juān 동 헌납하다. 부조하다. 기부하다.
自愿 zìyuàn 동 자원하다.
前往 qiánwǎng 동 앞으로 가다. 나아가다. 향하여 가다.
心底 xīndǐ 명 마음속. 마음의 깊은 속.

第十课

锲而不舍

锲而不舍	循序渐进	再接再厉
全力以赴	一丝不苟	有条不紊
兢兢业业	精益求精	总而言之

chapter 10

1. 성어 뜻과 쓰임 익히기

1. 锲而不舍 [qiè ér bù shě]

锲[qiè]: 조각하다; 舍[shě]: 포기하다, 버리다. 중도에 그만두지 않고 끝까지 조각하다. 게으름 피우지 않고 노력하며 끝까지 견지하다. 끈기 있게 매달리다.

① 你既然确定了三年内销售业绩翻一番的目标，就要**锲而不舍**，不管遇到什么困难都不放弃。

② 他具有一种**锲而不舍**的精神，遇到难题，一定要**锲而不舍**地研究到弄懂为止。

③ 对这些**锲而不舍**地帮助自闭儿童的志愿者们，我发自内心地敬佩。

翻 fān 동 (수량이) 배로 증가하다. 곱이 되다.

番 fān 양 동작의 횟수를 세는 단위. 회. 차례. 번. 바탕. [동사 '翻(fān)' 뒤에서 배수를 표시함.]

自闭 zìbì 동 자신을 고립시키고 외부세계와 교류하지 않는다. 자폐하다. [自闭儿童 (자폐아동)]

志愿者 zhìyuànzhě 명 지원자.

发自 fāzì 동 ……에서부터 시작되다.

2. 循序渐进 [xún xù jiàn jìn]

循[xún]: (규칙, 순서, 인습, 관례 등을) 따르다, 준수하다; 序[xù]: 순서, 차례. (학습, 업무)를 일정한 순서 혹은 절차에 따라 점차적으로 심화하거나 제고하다. 차례대로 한 걸음 한 걸음 앞으로 나아가다. 순차적으로 진행하다.

① 学习必须**循序渐进**，基础要打扎实，否则越学到后面越难进步。

② 锻炼身体要根据自己的年龄和健康状况**循序渐进**地进行，不要盲目追求大运动量。

③ 治疗是一个**循序渐进**的过程，我先要让他对我产生信任感，让他放松下来。

扎实 zhāshi 형 (업무, 학문 등이) 견실하다. 착실하다. 충실하다.

盲目 mángmù 형 맹목적(인). 무작정.

放松 fàngsōng 동 늦추다. 느슨하게 하다. 정신적 긴장을 풀다.

3. 再接再厉 [zài jiē zài lì]

接[jiē]: 맞받아 싸우다; 厉[lì]: [=砺], 날카롭게 갈다, 분발하여 노력하다. 수탉이 서로 싸울 때, 매 번 쪼기 전에 부리를 다듬다. 한층 더 분발하다. 한 번 또 한 번 계속해서 노력하다. 꾸준하게 하다. 끝까지 견지하고 느슨해지지 않다.

① 我已经成功地减掉了10公斤，我要**再接再厉**，再减10公斤。

② 这位60多岁的大学生毕业了，打算**再接再厉**，継续报考研究生。

③ 这位老画家对我的作品表示肯定，并希望我**再接再厉**，形成更为鲜明的个人风格。

减 jiǎn 동 빼다. 덜다. 줄이다.

报考 bàokǎo 동 (시험에) 응시하다. 응시 원서를 내다. 시험에 지원하다.

肯定 kěndìng 동 긍정하다. 긍정적으로 평가하다. 좋다고 인정하다.

风格 fēnggé 명 한 시대, 한 민족, 한 개 유파 혹은 한 사람의 문예 작품에서 표현되는 주요한 사상적 특징과 예술적 특징. 풍격. 작풍. 기풍(氣風).

4. 全力以赴 [quán lì yǐ fù]

赴[fù]: (……로) 가다, 향하다. 모든 힘과 정신을 투입하다. (어떤 일에) 전력 투구하다. 최선을 다하다.

① 虽然他每次和我下棋都**全力以赴**，但从来就没赢过我。

② 奥运会开始前三个月，所有运动员都**全力以赴**地投入训练，争取调整到最佳状态。

③ 他把和对手公司的竞争看作是一场**全力以赴**的战斗，只有这样才有可能胜出。

下棋 xiàqí 동 장기를 두다. 바둑을 두다.
奥运会 Àoyùnhuì 명 올림픽(경기). [奥林匹克运动会(ÀolínpǐkèYùndònghuì)]의 약칭.
调整 tiáozhěng 동 조정하다. 조절하다.
看作 kànzuò 동 …… (으)로 보다. …… (으)로 간주하다. …… (이)라고 여기다.

확인하기 I

1 빈 칸을 채우시오.

锲而________　　循序________　　再____再____　　全力________

2 뜻에 근거하여 알맞은 성어를 쓰시오.

(1) 把全部力量或精力都投入进去。 (　　　　)

(2) 一次又一次地継续努力，坚持不懈。 (　　　　)

(3) 不断地镂刻下去。比喻努力不懈，坚持到底。 (　　　　)

(4) 学习工作等按照一定的顺序或者步骤，逐渐深入或提高。 (　　　　)

精力 jīnglì 명 정력. 정신과 체력.

不懈 búxiè 형 게으르지 않다. 꾸준하다.

镂刻 lòukè 동 새기다. 조각하다. 파다.

步骤 bùzhòu 명 (일이 진행되는) 순서. 절차. 차례.

3 빈 칸에 들어갈 알맞은 성어를 쓰시오.

(1) 所有的教材在编排时都会____________地安排内容，你跟着学就行了。

(2) 她的丈夫是位年轻的副教授，结婚几年不要孩子，____________地做研究。

(3) 这次的任务重大而艰巨，我们所有的人都必须____________，保证完成任务。

(4) 那家公司的服务电话总是占线，我____________地拨了一个下午，终于拨通了。

(5) 尽管只取得了第三名，但这是我们的历史最好成绩。我们会____________，明年争取夺冠。

编排 biānpái 동 (일정한 순서 등에 따라) 배열하다. 편성하다.

艰巨 jiānjù 형 어렵고 힘들다. 어렵고도 무겁다. 막중하다.

占线 zhànxiàn 동 (전화 선로가) 통화 중이다. 사용 중이다.

拨 bō 동 전화를 걸다.

夺冠 duóguàn 동 우승을 쟁취하다.

2. 성어 뜻과 쓰임 익히기

5. 一丝不苟 [yī sī bù gǒu]

苟[gǒu]: 되는대로 하다, 함부로 하다, 대충 하다, 소홀히 하다. 일을 하는데 있어서 진지하고 섬세하여 조금도 소홀히 하지 않다. 조금도 빈틈이 없다.

① 这个实验有一定的危险，做的时候必须**一丝不苟**，否则可能发生爆炸。

② 你看他的办公桌，看他的抽屉，就知道这是个**一丝不苟**的人。

③ 看到母亲**一丝不苟**地帮我收拾行李，我才真正意识到我要离开家了。

④ 任何时候看到他，他都是从头到脚打扮得**一丝不苟**，这样的人太少见了。

爆炸 bàozhà 동 (큰 소리를 내며) 폭발하다. 작렬하다.

抽屉 chōuti 명 서랍.

收拾 shōushi 동 정리하다. 정돈하다. 치우다. 수습하다.

从头到脚 cóngtóudàojiǎo 머리부터 발끝까지.

少见 shǎojiàn 형 보기 드물다. 희귀하다.

6. 有条不紊 [yǒu tiáo bù wěn]

条[tiáo]: 조리, 질서, 순서; 紊[wěn]: 무질서하다, 혼란하다, 문란하다, 어지럽다. 말을 하거나 일을 함에 있어서 조리 있고 질서 정연하다. 조금도 무질서하지 않다.

① 他做事一向**有条不紊**，像今天这么手忙脚乱的，我还是第一次看见。

② 做事要讲究方法，比如先思考、制定计划，然后才能**有条不紊**地展开。

③ 我最爱读这位教授的论文，**有条不紊**的分析，详细严密的证明，读起来让人能感受到思考的乐趣。

④ 一个人生活很容易过得不规律，但他把自己的生活安排得**有条不紊**。

一向 yīxiàng 부 과거부터 지금까지를 나타냄. 줄곧. 내내.

手忙脚乱 shǒumángjiǎoluàn 성 몹시 바빠서 이리 뛰고 저리 뛰다. 갈팡질팡하다. 허둥지둥하다. 다급해서 갈피를 잡지 못하다.

严密 yánmì 형 빈틈없다. 치밀하다. 긴밀하다.

7. 兢兢业业 [jīng jīng yè yè]

兢兢[jīngjīng]: 긍긍하다, 조심하고 주의하는 모양; 业业[yèyè]: 두려워하는 모양. 신중하고 조심스럽게 일을 하고 성실하게 책임지다. 근면하고 성실하게 업무에 임하다.

① 他工作上**兢兢业业**，没犯过任何错误，你有什么理由辞退他呢？

② 我**兢兢业业**地工作了一辈子，虽然没有做出大贡献，但也没有出过问题。

③ 她在这所学校工作三十年了，是一位**兢兢业业**的好老师，学生对她的评价很高。

④ 他非常聪明，但工作上不那么认真。后来不知道经理和他谈了什么，他就变得**兢兢业业**、一丝不苟起来。

犯错误 fàncuòwù 실수하다. 잘못을 저지르다.

经理 jīnglǐ 명 (기업의) 경영 관리 책임자. 지배인. 사장. 매니저(manager).

出问题 chūwèntí 문제가 발생하다.

8. 精益求精 [jīng yì qiú jīng]

精[jīng]: 정교하다, 정밀하다, 완벽하다, 훌륭하다; 益[yì]: 더욱 더, 한층 더. 이미 훌륭한데도 더 훌륭하게 하려 하다. 더 잘하려고 애쓰다. 끊임없이 개선하다.

① 作为出版家，他**精益求精**，从书的内容到形式，甚至油墨的深浅浓淡，都有自己的高要求。

② 作为一名老演员，他对表演**精益求精**，从眼神、表情、动作到台词，无一不把握精准。

③ 我们无论是在生产工艺上、技术上、服务上都力求**精益求精**。

④ 正是这种**精益求精**的精神使他的作品总是还在设计阶段就被预订一空。

油墨 yóumò 명 인쇄 잉크.
深浅 shēnqiǎn 명 (색의) 명암. 짙고 연한 것.
浓淡 nóngdàn 명 농담. 짙음과 옅음.
精准 jīngzhǔn 형 아주 정확하다.
预订 yùdìng 동 예약하다. 예매하다.
一空 yīkōng 형 아무것도 없다. 텅 비다. 전무하다.

9. 总而言之 [zǒng ér yán zhī]

总[zǒng]: 총괄하다, 종합하다, 모아서 묶다, 합치다. 각 방면의 상황을 총괄하여 말하다. 결론적으로 말하자면. 요컨대.

① 老师刚才说了那么多，**总而言之**，就是希望你专心学习，不要再玩游戏。

② 你想轻松自在，就不能赚钱，你想赚钱，就不可能轻松自在，**总而言之**，这二者不可能同时兼得。

③ 你能不能把我拍得更瘦一点，更白一点，表情更自然一点，**总而言之**，就是把我拍得更漂亮一点。

轻松 qīngsōng 형 홀가분하다. 수월하다. 가볍다. 부담이 없다.
拍 pāi 동 (사진을) 찍다. 촬영하다.
自然 zìran 형 자연스럽다. 어색하지 않다. 딱딱하지 않다.

확인하기 Ⅱ

1 빈 칸을 채우시오.

一丝________　　有条________　　兢兢________　　精________精

________言之

2 뜻에 근거하여 알맞은 성어를 쓰시오.

(1) 把各方面的情况总起来说。　　(　　　　　)

(2) 形容做事小心谨慎、认真负责。　　(　　　　　)

(3) 已经很好了，还力求做得更好。　　(　　　　　)

(4) 做事认真细致，一点儿不马虎。　　(　　　　　)

(5) 形容说话、做事有条有理，丝毫不乱。　　(　　　　　)

谨慎 jǐnshèn 형 (언행이) 신중하다. 조심스럽다.

细致 xìzhì 형 꼼꼼하다. 치밀하다.

有条有理 yǒutiáoyǒulǐ 성 조리 정연하다. 순서가 명확하고 맥락이 분명하다.

3 빈 칸에 들어갈 알맞은 성어를 쓰시오.

(1) 他__________，翻译的稿子前前后后校对了五遍，直到每个词都满意为止。

(2) 他__________地陈述着对这个问题的看法和评价，就好像已经练习过很多遍一样。

(3) 每天即使再晚再累，这一整套护肤程序她都做得__________，因此五十多岁了，她的皮肤依旧白皙紧致。

(4) 尽管是半夜了，但他一被送进急救室，医生、护士立刻__________地开始了抢救。

(5) 即使他并不怎么喜欢他的工作，但白天他依然_________地工作，晚上回家则埋头于小说创作。

(6) 那里风景优美，气候温暖，食物丰富，但我还是过得不开心。__________，再好的地方都没有家乡好。

前前后后 qiánqiánhòuhòu (일 등의) 상세한 상황. 자세한 사정. 안팎.

校对 jiàoduì 동 원고(原稿)에 근거하여 사본 혹은 인쇄된 견본에 오류가 있는지 확인하다. 교정하다. 고치다.

直到 zhídào 동 줄곧 ……까지. 〔주로 시간을 가리킴.〕

整套 zhěngtào 형 완전한 한 벌의. 계통을 이룬 한 세트의.

护肤 hùfū 동 피부를 보호하다〔관리하다〕.

白皙 báixī 형 희고 깨끗하다.

紧致 jǐnzhì 형 팽팽하다.

急救室 jíjiùshì 명 응급실.

抢救 qiǎngjiù 동 (응급 상황에서) 서둘러 구호하다. 구출하다. 응급 처치하다.

埋头 máitóu 동 몰두하다. 전심전력을 다하다. 정신을 집중하다.

실력향상을 위한 종합연습

1 성어를 활용하여 대화를 완성하시오.

(1) A: 新的一年你有什么愿望？

B: ____。（再接再厉）

(2) A: 还有几个月你就要参加高考了，你有信心考上北京大学吗？

B: ____。（全力以赴）

(3) A: 你汉语学得这么好，有什么好方法呀？

B: ____。（一丝不苟）

(4) A: 小王在你的部门工作半年了，你觉得他怎么样？

B: ____。（兢兢业业）

愿望 yuànwàng 명 희망. 소망. 바람.

高考 gāokǎo 명 중국의 대학 입학시험. [普通高等学校招生全国统一考试 (pǔtōnggāoděngxuéxiàozhāoshēngquánguótǒngyīkǎoshì)]의 약칭.

2 빈 칸에 알맞은 성어를 써넣으시오.

李子明从小身体瘦弱，上大学后他决定开始健身。可是说起来容易做起来难，最初一个星期，他连每天一公里都跑不下来。但李子明是个一旦下定决心，就________的人。他________地学习健身知识、制定健身计划、调整饮食结构。经过两年________的锻炼，现在你再看到他，肯定都认不出眼前强壮的小伙子是谁了。

健身 jiànshēn 동 신체를 건강하게 하다. 튼튼하게 하다.
瘦弱 shòuruò 형 여위고 허약하다.
肯定 kěndìng 부 확실히. 틀림없이. 의심할 여지없이.

3 단문을 읽고 내용에 근거하여 문제에 답하시오.

我的朋友是个完美主义者，不论做什么都**一丝不苟**，一定要做到最好。只是有了孩子以后，她要求孩子做事也要**精益求精**。比如孩子刚上小学，字写得不够漂亮，她会要求孩子一遍又一遍地重写，这让孩子非常辛苦。我认为，**精益求精**的态度是需要的，但孩子毕竟是孩子，可以先要求他把字写对，等他长大一点儿，再要求他把字写漂亮。**总而言之**，成长和学习是一个**循序渐进**的过程，应该在不同的阶段提不同的要求。如果拔苗助长，结果只会相反。

(1) “我”的朋友有什么特点？

(2) “我”的朋友对孩子有什么要求？

(3) “我”认为正确的教育方法是什么？

(4) “我”对朋友的教育方法有什么看法？

重 chóng 부 재차. 다시. 거듭.
毕竟 bìjìng 부 결국. 끝내. 어디까지나.

第十一课

苦尽甘来

苦尽甘来	精打细算	饱经沧桑
潜移默化	天伦之乐	无能为力
无微不至	无忧无虑	

11

chapter

1. 성어 뜻과 쓰임 익히기

1. 苦尽甘来 [kǔ jìn gān lái]

尽[jìn]: 끝나다, 종료하다; 甘[gān]: 달다, 감미롭다, 달콤하다. 고통스러운 날들은 이미 지나가고 행복한 날이 성큼 다가왔다. 고생 끝에 낙이 온다. 고진감래.

① 我和他交手过五次，每次都输，今天终于苦尽甘来，赢了他了。

② 母亲辛苦了一辈子，终于等到了苦尽甘来的这一天，儿女都工作、成家了。

③ 也许是习惯了忍耐，即使在这苦尽甘来的时刻，他也没有表现得特别高兴。

交手 jiāoshǒu 동 서로 싸우다. 서로 겨루다.

成家 chéngjiā 동 결혼하다. [과거에는 주로 남자의 경우를 가리킴.]

忍耐 rěnnài 동 인내하다. 참다. 견디다.

2. 精打细算 [jīng dǎ xì suàn]

정밀하게 계획을 세우고 세세하게 계산하다. 인력, 물자, 재원을 사용할 때 철저하게 계산하고 낭비가 없게 하다. 꼼꼼하게 계산하다. 찬찬히 계획 세우다.

① 那段时间我每天都精打细算。为了节省交通费，我早起床半小时，走路去学校。

② 现在市场竞争激烈，利润空间小了，我们必须对成本精打细算。

③ 他一直是这样，月初发工资的时候随便花，到了月底就精打细算着过。

④ 她生长在富裕的家庭，没有缺过钱，你怎么能期待她是个精打细算的人呢？

利润 lìrùn 명 이윤.

发工资 fāgōngzī 월급을 지급하다.

3. 饱经沧桑 [bǎo jīng cāng sāng]

饱[bǎo]: 족히, 충분히; 沧桑[cāngsāng]: 망망대해와 뽕나무 밭, 세상의 온갖 풍파. 망망대해가 뽕나무 밭이 될 정도로 세상사의 변화가 너무나 큼을 비유한다. 세상만사의 변화를 경험하다. 산전수전을 다 겪다.

① 年轻时离开故乡后，他去过很多地方，饱经沧桑，如今老了，还是想回到故乡。

② 她的双手一看就饱经沧桑，不再细嫩，可见这些年她过得不算好。

③ 尽管经历过两次战争，但在老人那饱经沧桑的脸上，你所看到的却是善良、宽容和慈爱。

细嫩 xìnèn 형 (살결 등이) 곱고 부드럽다.

宽容 kuānróng 형 관용하다. 포용력이 있다. 너그럽게 받아들이다.

慈爱 cí'ài 형 자애롭다. 인자하다.

4. 潜移默化 [qián yí mò huà]

潜[qián]: 몰래, 비밀리에, 살그머니; 默[mò]: 말하지 않다, 말이 없다, 잠잠하다, 묵묵하다. 사람의 사상이나 성격 혹은 습관 등이 환경 혹은 다른 사람의 영향을 받아 부지불식간에 변화가 생기다. 모르는 사이에 감화하다. 은연중에 감화되다.

① 艺术教育必须潜移默化，比如父母从小经常带孩子看画展、听音乐会等。

② 多和优秀的人接触、交流，你会受到潜移默化的影响，各个方面都会得到提高。

③ 很多家长把上大学看做孩子唯一的出路，孩子就会潜移默化地接受这种思想。

④ 他出自书法世家，自己虽然没有专门练过，但在潜移默化中，他的欣赏水平已经远远超过一般人。

接触 jiēchù 동 접촉하다. 접근하다. 교제하다. 왕래하다.

出路 chūlù 명 발전의 여지. 활로(活路). 출로.

出自 chūzì 동 ……로부터 나오다. ……로부터 나타나다.

书法 shūfǎ 명 서법. 서도. 서예

世家 shìjiā 명 (전문 기술을) 대대로 계승하는 집안.

확인하기 I

1 빈 칸을 채우시오.

____打____算　　饱经________　　____尽____来　　____移____化

2 뜻에 근거하여 알맞은 성어를 쓰시오.

(1) 形容经历过许多世事变化。 (　　　　)

(2) 苦难的日子已经过去，美好的日子已经来临。 (　　　　)

(3) 在使用人力、物力、财力时计算精细，不使浪费。 (　　　　)

(4) 人的思想、性格或习惯受到环境或别人的感染、影响，在不知不觉中发生了变化。 (　　　　)

世事 shìshì 명 세상일. 세상사.
来临 láilín 동 이르다. 도래하다. 다가오다.
感染 gǎnrǎn 동 (다른 사람의 사상이나 감정에) 영향을 끼치다. 감화시키다. 감동시키다.
不知不觉 bùzhībùjué 성 자기도 모르는 사이에. 부지불식간에.

3 빈 칸에 들어갈 알맞은 성어를 쓰시오.

(1) 我知道老人的退休金不多，要靠着__________才能维持生活。

(2) 公司开办的头两年太艰难了，今年终于__________，开始实现盈利了。

(3) 小时候家里不富裕，但妈妈善于________，因此我似乎也没缺过什么东西。

(4) 他这一辈子________，却并没有变得麻木，他依然对世事充满好奇，对人充满善意。

(5) 阅读是一种习惯，它对人的影响是________的，而不是说读了哪一本书就能改变人生。

退休金 tuìxiūjīn 명 퇴직금.

开办 kāibàn 동 (공장, 학교, 상점 등을) 개설하다. 창설하다. 설립하다. 개업하다.

盈利 yínglì 동 이윤을 얻다. 이익을 보다. 돈을 벌다.

善于 shànyú 동 ……를 잘하다. ……에 능하다.

麻木 mámù 형 반응이 둔하다. 더디다. 무감각하다.

善意 shànyì 명 선의. 호의.

2. 성어 뜻과 쓰임 익히기

5. 天伦之乐 [tiān lún zhī lè]

天伦[tiānlún]: 부자, 형제 등 친족 관계, 천륜. 가정에서 가족 간에 함께하며 누리는 즐거움. 인륜의 즐거움.

① 周末时，儿女会带着孩子回来探望老人。全家聚在一起聊天、吃饭，尽享天伦之乐。

② 他的儿女都在美国，多次邀请他去美国定居，共享天伦之乐，可他却不想去。

③ 我这个年纪本来是应该在家享受天伦之乐的，不过我闲不住，还是想出来做事。

探望 tànwàng 동 방문하다. 문안하다.

共享 gòngxiǎng 동 함께 누리다.

享受 xiǎngshòu 동 누리다. 향유하다. 즐기다.

闲不住 xiánbuzhù 잠자코 있지 못하다. 가만히 있지 못하다.

6. 无能为力 [wú néng wéi lì]

힘을 제대로 쓰지 못하거나 어떤 일을 하거나 어떤 문제를 해결할 능력이 없다. 능력이 미치지 못하다. 어찌할 도리가 없다.

① 我听说她的遭遇后气得咬牙切齿却无能为力，因为这是她的家事。

② 他高兴了要吃，不高兴了也要吃，他父母对此也无能为力。只有等他自己意识到健康的重要性，才有可能改变这种习惯。

③ 在医院门口，看他一脸焦急却无能为力的样子，我也很难过，恨不得立刻能拿出50万元来给他。

遭遇 zāoyù 명 처지. 경우. 운명. [주로 불행한 일을 가리킴.]

焦急 jiāojí 형 초조하다. 조급해하다.

恨不得 hènbude 동 간절히 ……하고 싶다. ……하지 못해 안타깝다.

7. 无微不至 [wú wēi bù zhì]

微[wēi]: 경미하다, 미약하다, 사소하다, 작다; 至[zhì]: ……까지 미치다, ……에 이르다. 사소한 것까지 신경을 쓰지 않는 것이 없다. 관심과 보살핌이 매우 세심하고 빈틈없다. 매우 세심하다.

① 这家餐厅的服务无微不至，让客人非常舒适，难怪吃过一次的人都还想再去。

② 十五岁时他生过一场大病，在家人无微不至的照顾下，半年后完全恢复了健康。

③ 多年来，她兢兢业业地工作，无微不至地关爱学生，不少学生都叫她妈妈老师。

④ 父母去世后，我住在叔叔家。叔叔对我关心得无微不至，像对亲生孩子一样。

舒适 shūshì 형 편안하다. 쾌적하다. 유쾌하다.
难怪 nánguài 부 어쩐지. 과연. 그러기에.
关爱 guān'ài 동 관심을 갖고 돌보다. 사랑으로 돌보다. 귀여워하다.
亲生 qīnshēng 형 자신이 낳은. 자신을 낳은.

8. 无忧无虑 [wú yōu wú lǜ]

아무런 근심 걱정도 없다. 마음이 매우 홀가분하고 자연스럽다.

① 她特别怀念在乡村的那段时光，每天无忧无虑，自由地在田野森林里漫步。

② 三十岁时，他的愿望就是挣足够多的钱，让家人过上无忧无虑的生活。

③ 对他来说，快乐很简单。躺在草地上，无忧无虑地读喜欢的书就很快乐。

④ 看到小镇上的居民都安居乐业，日子过得无忧无虑，我也想搬到这里来。

怀念 huáiniàn 동 그리워하다. 회상하다. 추억하다.

乡村 xiāngcūn 명 농촌. 시골. 향촌. 전원.

时光 shíguāng 명 시절. 시기. 때.

漫步 mànbù 동 한가롭게 거닐다. 발길 닿는 대로 걷다.

확인하기 Ⅱ

1 빈 칸을 채우시오.

天伦________ 无能________ 无微________ 无____无____

2 뜻에 근거하여 알맞은 성어를 쓰시오.

(1) 家庭亲人之间团聚的欢乐。 (　　　　　)

(2) 关心、照顾得非常细致、周到。 (　　　　　)

(3) 没有任何忧虑。形容心情非常舒畅自然 (　　　　　)

(4) 用不上力量或没有能力去做好某件事情、解决某个问题。

(　　　　　)

亲人 qīnrén 명 직계 친족. 배우자.

周到 zhōudào 형 세심하다. 꼼꼼하다. 빈틈없다.

舒畅 shūchàng 형 상쾌하다. 유쾌하다. 시원하다. 홀가분하다.

3 빈 칸에 들어갈 알맞은 성어를 쓰시오.

(1) 据说，这种10年前医生还__________的疾病现在已经有办法完全治愈了。

(2) 春节是中国人最重要的节日。那一天，不管离家多远，人们都要回家，共享__________。

(3) 孩子已经大了，你不必再这样__________地照顾他们，应该让他们学会独立。

(4) 我知道小张这时候需要人安慰，但我却__________，因为我不是她心里所希望的那个人。

(5) 每次回想起__________的童年生活，她都特别感激父母，没有给她多少学习压力。

据说 jùshuō 동 다른 사람의 말에 의하면 ……라 한다. 들리는 말에 의하면 ……라 한다.
治愈 zhìyù 동 치유하다. 완치하다.
感激 gǎnjī 동 감격하다.

실력향상을 위한 종합연습

1 성어를 활용하여 대화를 완성하시오.

(1) A: 我很想暑假和你一起去云南旅行，不过我只有三千块钱，我怕钱不够。

B: ______________________________。（精打细算）

(2) A: 为什么不管去哪里，你都特别喜欢给老人拍照片呢？

B: ______________________________。（饱经沧桑）

(3) A: 你是学音乐的吗？怎么对古典音乐那么了解？

B: ______________________________。（潜移默化）

(4) A: 你觉得最理想的生活状态是什么样的？

B: ______________________________。（无忧无虑）

2 빈 칸에 알맞은 성어를 써넣으시오.

在丁晴十岁那年，父亲因病去世，留下两个年幼的女儿。坚强的母亲同时做两份工作，每一分钱都__________，就这样独自把孩子养大。如今，日子可以说__________了。丁晴姐妹俩都有不错的工作，组建了自己的家庭。姐妹俩非常孝顺母亲，生活上把母亲照顾得__________。每逢周末、节假日，姐妹俩都带孩子回来探望外婆，共享__________。

年幼 niányòu 형 연소(年少)하다. 어리다.
如今 rújīn 명 지금. 이제. 오늘날.
组建 zǔjiàn 동 (기구나 단체 등을) 조직하다. 편성하다.

3 단문을 읽고 내용에 근거하여 문제에 답하시오.

上小学前，我和奶奶住在一个安静古老的小镇上。奶奶家是一所木质老房子，门上、窗上、柱子上都刻着精美的花纹。我在那里度过了很多无忧无虑的时光，也在潜移默化中爱上了那样的传统建筑和生活方式。可是，二十多年过去了，奶奶的老房子饱经沧桑，被水淹过，最近还着了一次火，无法居住了，不得不拆掉。我非常想保留它，却无能为力。也许将来有机会，我能再建造一所那样的房子。

(1) “我”在古镇上的生活怎么样？那段生活对“我”有什么影响？

(2) 奶奶的老房子为什么要拆掉？

(3) 对于拆掉老房子这件事，“我”是什么态度？

柱子 zhùzi 명 기둥.
花纹 huāwén 명 각종 무늬와 도안.
淹 yān 동 (물에) 잠기다. 빠지다. 담그다.
着火 zháohuǒ 동 불이 나다. 불붙다.
拆 chāi 동 헐다. 부수다. 해체하다.

第十二课

继往开来

继往开来	实事求是	恰到好处
统筹兼顾	一目了然	相辅相成
不可思议	齐心协力	

chapter 12

1. 성어 뜻과 쓰임 익히기

1. 继往开来 [jì wǎng kāi lái]

繼[jì]: 잇다, 이어지다, 계속하다, 연속하다; 开[kāi]: 개척하다, 열다. 이전 사람의 사업을 계승하여 앞길을 개척하다. 앞 사람의 일을 이어받아 발전시키다.

① 获奖时，他表示今后他将再接再厉，**继往开来**，为观众创作更多更好的作品。

② 这次的人事安排明显可以看出**继往开来**的意图，有不少中青年进入了管理层。

③ 这是一次**继往开来**的研讨会，既总结了近几年来的重大成果，又指出了今后几年的发展趋势。

获奖 huòjiǎng 동 상을 타다. 수상하다.

明显 míngxiǎn 형 뚜렷하다. 분명하다. 확연히 드러나다.

意图 yìtú 명 타산. 의도. 기도.

研讨会 yántǎohuì 명 연구 토론회. 세미나.

2. 实事求是 [shí shì qiú shì]

实事[shíshì]: 구체적인 일, 실제로 의미가 있는 일; 求[qiú]: 추구하다, 탐구하다, 찾다; 是[shì]: 올바름, 옳음, 진리. 실제 상황에서 출발하여 과장하거나 축소하지 않고, 정확하게 문제에 대처하고 문제를 처리하다. 있는 그대로의 사실에 근거하여 사물의 규칙성을 탐구하고 사물의 본질을 인식하다. 실사구시.

① 说话要**实事求是**。这整个计划的思路都是我提出来的，你只是负责把它写出来了而已。

② 这门课最主要的目的是培养学生**实事求是**、独立思考、勇于探索的科学精神。

③ 虽然他还是个新人，不过**实事求是**地说，他设计的款式比你的好一些。

④ 我们目前的水平确实还不高，这一点他讲得**实事求是**，但我们有信心在五年内达到行业一流水平。

思路 sīlù 명 생각의 실마리. 사고의 방향. 사고의 맥락.

而已 éryǐ 조 ……뿐이다.

门 mén 양 과목, 과학 기술 등에 쓰임. 과목. 가지.

行业 hángyè 명 직업. 직종. 업종.

一流 yīliú 형 일류의.

3. 恰到好处 [qià dào hǎo chù]

恰[qià]: 마침, 공교롭게도, 바로, 알맞게. 말이나 행동 등이 꼭 아주 적절한 정도에 이르다. 꼭 알맞다. 지극히 적당하다.

① 大家在一起聊天的时候，我发现他的话并不多，但每一句都**恰到好处**。

② 这两句诗要想**恰到好处**地翻译成英语，还是要多动点儿脑筋的。

③ 她的衣服都不是名牌，但总是搭配得**恰到好处**，显得很有品味。

④ 昨天晚上，我们几个人酒喝得**恰到好处**，既放松又兴奋，平时不会说的话都说出来了。

名牌 míngpái 명 유명 상표. 유명 브랜드.

搭配 dāpèi 동 (일정한 기준이나 요구에 따라) 배합하다. 조합하다. 안배하다. 조절하다.

4. 统筹兼顾 [tǒng chóu jiān gù]

筹[chóu]: 계획하다, 기획하다; 兼[jiān]: 원래 뜻은 '한 손에 많은 벼를 쥐는 것'이며, '동시에 몇 가지 일을 하거나 몇 가지 물건을 차지하다'라는 의미로 파생됨; 顾[gù]: 돌보다, 보살펴 주다, 주의하다, 배려하다. 여러 방면의 일을 전체적으로 계획하고 살피다.

① 这个项目需要几个部门合作，作为负责人，你要**统筹兼顾**各个部门的利益。

② 每天要工作，还要做家务、照顾孩子，她必须**统筹兼顾**，才能做完这些事情。

③ 做事要学会**统筹兼顾**的方法，比如做饭，可以先煮汤，煮汤的同时洗菜、切菜、炒菜。

负责人 fùzérén 명 책임자.
煮 zhǔ 동 삶다. 끓이다. 익히다.

확인하기 I

1 빈 칸을 채우시오.

实事________ 継___开___ 恰到________ ___筹___顾

2 뜻에 근거하여 알맞은 성어를 쓰시오.

(1) 统一规划，全面照顾。 (   )

(2) 継承前人的事业，开辟未来的道路。 (   )

(3) 形容说话做事恰好到了最适当的地步。 (   )

(4) 从实际情况出发，不夸大，不缩小，正确地对待和处理问题。

(   )

规划 guīhuà 동 기획하다. 계획하다. 꾀하다.

継承 jìchéng 동 이전 사람의 기풍, 문화, 지식 등을 이어받다. 계승하다. 물려받다.

开辟 kāipì 동 개발하다. 개척하다. 창립하다.

适当 shìdàng 형 적절하다. 적합하다. 알맞다. 적당하다.

地步 dìbù 명 (도달한) 정도. 지경

夸大 kuādà 동 과대하다. 과장하다.

缩小 suōxiǎo 동 축소하다. 작게 하다. 줄이다.

3 빈 칸에 들어갈 알맞은 성어를 쓰시오.

(1) 这个菜的味道调得__________，一点点酸，一点点辣，非常开胃。

(2) 今天的采访，我希望记者朋友们__________地进行报道，不要歪曲我们的意思。

(3) 如果早上跑步后，你觉得心情愉快，精神饱满，那说明你的运动量__________。

(4) 那时候，我一心要搞国画创新。一位老画家告诉我，创新并不意味着抛弃传统，__________才是合理的做法。

(5) 最终选择在这里建什么厂，要__________经济效益、社会效益和环境效益才能决定。

调 tiáo 동 골고루 섞다. 배합하다. 적절하게 혼합하다.
开胃 kāiwèi 동 식욕을 돋우다.
歪曲 wāiqū 동 (사실이나 내용을) 고의로 바꾸다. [주로 좋은 것을 나쁘게 말하는 것을 가리킴.]
饱满 bǎomǎn 형 충만하다.
抛弃 pāoqì 동 버리다. 포기하다.
效益 xiàoyì 명 효과와 수익. 이득. 성과.

2. 성어 뜻과 쓰임 익히기

5. 一目了然 [yī mù liǎo rán]

了然[liǎorán]: 알다, 이해하다. 한눈에 환히 보다[알다]. 일목요연하다.

① 这个位置十分有利，进来的人你可以**一目了然**，而对方却不容易发现你。

② 古代不同等级的官员所穿服装颜色、图案各不相同，因此对方是什么身份，可以**一目了然**。

③ 在我眼里，他简直是个透明人，心里在想什么、怎么想，简直**一目了然**。

④ 虽然装修工程十分专业，但他的报价清单做得**一目了然**，我很快就明白了。

透明 tòumíng 형 공개적이다. 투명하다.
装修 zhuāngxiū 동 집을 장식하고 꾸미다. 집 따위의 내장 공사를 하다.
报价 bàojià 명 제시 가격. 입찰 가격. 견적.
清单 qīngdān 명 명세서. 목록.

6. 相辅相成 [xiāng fǔ xiāng chéng]

辅[fǔ]: 돕다, 보조하다. 두 가지 사물이 서로 조화를 이루고 서로 재촉하여 이루어지게 하고 하나라도 부족해선 안 된다. 서로 도와서 일이 잘 되어 나가도록 하다. 상부상조하다.

① 学习和思考是**相辅相成**的。只学习不思考，或者只思考不学习，都不可能进步。

② 吃乳酪蛋糕的时候配黑咖啡，咖啡的苦、香和蛋糕的浓、滑**相辅相成**，二者都更加美味。

③ 教育和经济是**相辅相成**的关系，教育越发达，经济也越发达，反过来也一样。

乳酪 rǔlào 명 치즈(cheese).

美味 měiwèi 형 (식품의) 맛이 좋다.

7. 不可思议 [bù kě sī yì]

원래는 불교용어로서 말과 생각이 도달할 수 없는 신비한 경지를 가리킨다. 사물, 상황 혹은 언행에 대해 상상조차 할 수 없거나, 이해할 수 없다. 사람의 생각으로는 미루어 헤아릴 수도 없다. 불가사의하다.

① 一个六岁的孩子解出了这么难的数学题，实在有些**不可思议**。

② 令人**不可思议**的是已经被医生宣布死亡的他，竟然活了过来，还活了这么多年。

③ 多年不见，她竟然越活越年轻，浑身上下充满了**不可思议**的活力。

④ 那部电影上映之后，他迅速地走红，红得**不可思议**。

解 jiě 동 계산하다. 연산하다. 방정식을 풀다.

浑身 húnshēn 명 전신. 온몸.

上映 shàngyìng 동 상영하다. 영화를 돌리다.

走红 zǒuhóng 동 환영을 받다. 인기가 있다. 잘나가다.

8. 齐心协力 [qí xīn xié lì]

协力[xiélì]: 함께 노력하다, 협력하다, 힘을 합하다. 한마음으로 함께 노력하다. 한마음 한뜻으로 협력하다.

① 餐厅的经营是遇到了困难，但只要我们**齐心协力**，一定能够度过这个难关。

② 我需要的是一个**齐心协力**的团队，如果有谁不满意，最好趁早退出。

③ 在消防车到来之前，邻居们就**齐心协力**地把火扑灭了，没有造成严重的财产损失。

度过 dùguò 동 (시간을) 보내다. 지내다. 넘기다.
难关 nánguān 명 (극복하기 힘든) 어려움. 난관.
最好 zuìhǎo 부 가장 바람직한 것은. 제일 좋기는. ……하는 게 제일 좋다.
趁早 chènzǎo 부 일찌감치. 서둘러서. 앞질러서. 규정 시간에 앞서.
邻居 línjū 명 이웃집. 이웃 사람.
扑灭 pūmiè 동 화재를 진압하다. 불을 끄다.

확인하기 Ⅱ

1 빈 칸을 채우시오.

一目______　　相___相___　　不可______　　齐___协___

2 뜻에 근거하여 알맞은 성어를 쓰시오.

(1) 一眼就看得清清楚楚。 (　　　　)

(2) 形容思想一致，共同努力。 (　　　　)

(3) 两件事物相互辅助，相互促成，缺一不可。 (　　　　)

(4) 形容对事物、情况或言行不可想象或难以理解。 (　　　　)

辅助 fǔzhù 동 거들어 주다. 돕다. 협조하다. 도와주다.

缺一不可 quēyībùkě 성 하나라도 부족해선 안 된다. 조금이라도 모자라면 안 된다.

言行 yánxíng 명 언행. 말과 행동.

难以 nányǐ 동 ……하기 어렵다.

3 빈 칸에 들어갈 알맞은 성어를 쓰시오.

(1) 节流和开源是__________的，花得多、挣得少都很难积累财富。

(2) 他们才认识三天就结婚了，这实在是__________，但又千真万确。

(3) 尽管小偷手上有刀，不过三位年轻人__________，还是把小偷抓住了。

(4) 房子不大，简单的几样家具__________，显示出主人过着极为朴素的生活。

(5) 房间窗户正对着外面的广场，因此广场上发生什么事情，房间里的人可以

__________。

节流 jiéliú 동 경비를 절감하다. 절약하다.

开源 kāiyuán 동 수입원을 확충하다. 재원을 개발하다.

千真万确 qiānzhēnwànquè 성 천만 번 지당하다. 매우 정확하다. 아주 틀림없다.

小偷 xiǎotōu 명 도둑. 좀도둑.

样 yàng 양 사물의 종류를 나타냄. 형태.

显示 xiǎnshì 동 뚜렷하게 나타내 보이다. 분명하게 표현하다. 보여주다.

朴素 pǔsù 형 절약하다. 알뜰하다. 검소하다.

对 duì 동 향하다. [자주 '着'를 수반함.]

실력향상을 위한 종합연습

1 성어를 활용하여 대화를 완성하시오.

(1) A: 这是他第一次演反面人物。你觉得他演得怎么样？

B: ________________________________。（实事求是）

(2) A: 张明每个学期都是前三名，厉害啊！这是他今天借给我的学习笔记。

B: ________________________________。（一目了然）

(3) A: 你也是第一次看人在米粒上作画吧？

B: ________________________________。（不可思议）

(4) A: 我喜欢自由，可是生活中总有各种各样的约束。就没有完全的自由吗？

B: ________________________________。（相辅相成）

反面人物 fǎnmiànrénwù 문학 작품 중의 반동적이고 부정적인 인물. 악역.

米粒 mǐlì 명 쌀알.

约束 yuēshù 동 단속하다. 속박하다. 구속하다.

2 빈 칸에 알맞은 성어를 써넣으시오.

看到她，你肯定很难相信这么年轻有活力的她是一家公司的经理，同时也是三个孩子的妈妈。__________的是，工作之余，她亲自照顾三个孩子，为孩子做饭，送孩子上学，每周竟然还去健身三次。她的时间从哪儿来的呢？看她的日程安排就可以发现，她的生活非常有规律，什么时间做什么事都__________，这样可以节省大量时间。她还很会__________，比如做家务的同时有意识地锻炼身体。所以，尽管她每天都忙忙碌碌，但仍然精神饱满。

余 yú 명 (어떤 일이나 상황) 이외의 시간.
忙碌 mánglù 형 바쁘다. 눈코 뜰 새 없다.

3 단문을 읽고 내용에 근거하여 문제에 답하시오.

我曾经看过一位获奖者发表获奖感言。我并不了解这位获奖者，但他**恰到好处**的真诚的感言，让我立刻对他产生了好感。他并没有说自己多么努力多么辛苦，而只是说自己很幸运。在他刚刚入行的时候，就遇到了很好的前辈，告诉他任何领域都需要**继往开来**，継承和开拓缺一不可；他遇到了很好的团队，一群热情、有理想的年轻人聚集在一起，**齐心协力**，攻克一个又一个难题。因此，虽然来领奖的是他，但所有的成就和荣誉都属于他的团队。

(1) “我”为什么会对一个不了解的获奖人立刻产生好感？

(2) 刚入行的时候，前辈告诉他什么？

(3) 他的团队为什么能够攻克很多难题？

曾经 céngjīng 부 일찍이. 이전에. 이미. 벌써.
感言 gǎnyán 명 소감. 감상을 나타내는 말.
好感 hǎogǎn 명 호감. 좋은 감정.
入行 rùháng 명 정식으로 어떤 업계에 들어가 일원이 되다.
开拓 kāituò 동 개척하다. 개간하다. 확장하다.
聚集 jùjí 동 합류하다. 한데 모이다〔모으다〕. 집중하다.
攻克 gōngkè 동 (난제나 난관 등을) 극복하다. 뛰어넘다. 돌파하다.

第十三课

恍然大悟

恍然大悟	不择手段	不屑一顾
肆无忌惮	无动于衷	无可奉告
根深蒂固	归根结底	

13

chapter

1. 성어 뜻과 쓰임 익히기

1. 恍然大悟 [huǎng rán dà wù]

恍然[huǎngrán]: 갑자기 깨달은 모양; 悟[wù]: 이해하다, 알다, 각성하다, 깨닫다. 갑자기 모두 알게 되다. 문득 모든 것을 깨닫다.

① 看到他对着照片发呆，我**恍然大悟**，他肯定是失恋了，才这样无精打采的。

② 听了解释，他**恍然大悟**地点了点头，原来"花儿"不是花，是当地的一种民歌。

③ 看他**恍然大悟**的样子不像是假的，也许之前他真的完全不知道我们的安排。

发呆 fādāi 동 멍하다. 어리둥절하다. 얼이 빠지다. 넋을 잃다.
失恋 shīliàn 동 실연하다. 연애에 실패하다.

2. 不择手段 [bù zé shǒu duàn]

择[zé]: 선택하다, 고르다, 가리다. 수단 방법을 가리지 않다. 목적을 달성하기 위하여 모든 수단을 다 쓰다.

① 他为了获得那个职位简直**不择手段**，送礼、拉关系、出卖朋友……没有他不敢的。

② 这么多年来，他**不择手段**地往上爬，想要向当初看不起他的人证明自己是个强者。

③ 你敢和他这种**不择手段**的人做朋友？如果将来你们有利益冲突，他不会不择手段地对付你？

拉关系 lāguānxi 관계가 소원한 사람과 연락하고 자기편으로 끌어들여 관계를 맺다. [부정적인 의미가 내포됨.]

出卖 chūmài 동 배반하다. 팔아먹다. 배신하다.

爬 pá 동 권세에 빌붙어 갖은 수단과 방법으로 직급〔지위, 명성〕을 올리다.

当初 dāngchū 명 당시. 그 때.

冲突 chōngtū 명 모순. 충돌.

对付 duìfu 동 대처하다. 다루다. 대응하다. 처리하다.

3. 不屑一顾 [bù xiè yī gù]

不屑[bùxiè]: 어떤 일을 할 가치가 없다고 여기다, 하찮게 여기다; 顾[gù]: 뒤돌아보다, 바라보다, 회고하다. 어떤 사물을 무시하여 한 번 돌아 볼 필요도 없다고 생각하다. 두 번 다시 거들떠보지도 않다. 일고의 가치도 없다. 매우 업신여기다.

① 不要因为这些内容简单就**不屑一顾**，这些基础知识往往影响着你以后学习的深度和广度。

② 他看了几分钟访谈节目后，**不屑一顾**地说："这个人根本就不懂历史，瞎说。"

③ 就算你水平高，但也不要对别人的作品表现出**不屑一顾**的神情，这是基本的尊重。

深度 shēndù 명 깊이. 심도.
广度 guǎngdù 명 넓이. 범위. 폭.
访谈 fǎngtán 동 탐방하다. 방문하여 이야기를 나누다.
瞎说 xiāshuō 동 함부로 말하다. 마구 지껄이다. 허튼소리를 하다. 무책임한 말을 하다.
神情 shénqíng 명 표정. 안색. 기색.

4. 肆无忌惮 [sì wú jì dàn]

肆[sì]: 방자하다, 제멋대로 하다, 아랑곳하지 않다, 마음대로 하다; 忌[jì]: 꺼리다, 두려워하다, 겁내다; 惮[dàn]: 두려워하다, 꺼리다, 기피하다. 매우 방자하게 굴고 전혀 거침없고 두려움이 없다. 제멋대로 굴고 전혀 거리낌 없다.

① 他年轻的时候身体好，几天不睡是常事，真的是**肆无忌惮**。现在不行了。

② 已经深夜了，这帮年轻人仍在**肆无忌惮**地狂欢，喝酒、放音乐、跳舞，邻居不得不报警。

③ 这个街区充满了**肆无忌惮**的犯罪，抢劫、贩毒、枪击，很少有人敢来这里。

④ 父母一离开，孩子们就变得**肆无忌惮**了。很快，每个人都玩得满身是泥。

常事 chángshì [명] 늘 있는 일, 평범한 일. 일상사.
深夜 shēnyè [명] 심야. 깊은 밤. 한밤.
狂欢 kuánghuān [동] 마음껏 즐기다.
报警 bàojǐng [동] 경찰에 신고하다.
抢劫 qiǎngjié [동] 강도짓하다. 약탈하다. 빼앗다.
贩毒 fàndú [동] 마약을 판매하다.
枪击 qiāngjī [동] 총을 쏘다. 저격하다. 총격을 가하다.

확인하기 I

1 빈 칸을 채우시오.

不择_______　　_______大悟　　_______一顾　　肆无_______

2 뜻에 근거하여 알맞은 성어를 쓰시오.

(1) 形容忽然明白过来了。 (　　　　　　)

(2) 非常放肆，毫无顾忌和畏惧。 (　　　　　　)

(3) 为了达到目的，什么手段都使得出来。 (　　　　　　)

(4) 形容对某事物看不起，认为不值得一看。 (　　　　　　)

放肆 fàngsì 형 버릇없이〔제멋대로〕굴다. 방자하다
顾忌 gùjì 동 염려하다. 우려하다. 꺼리다. 망설이다.
畏惧 wèijù 동 두려워하다. 무서워하다.
使 shǐ 동 사용하다. 쓰다.

3 빈 칸에 들어갈 알맞은 성어를 쓰시오.

(1) 这些骗子为了钱简直＿＿＿＿＿＿，竟然连老人看病的钱也骗。

(2) 别人对你＿＿＿＿＿＿，不把你当成有威胁力的对手，但你自己不能轻视自己。

(3) 他跟我比划了半天，直到他写在纸上给我看，我才＿＿＿＿＿＿，原来他是想问路。

(4) 等他上台发言我才＿＿＿＿＿＿，这看似随随便便的人竟然是有名的专家。

(5) 看她＿＿＿＿＿＿地大笑的样子，我真的羡慕她，我似乎已经很久没有那样笑过了。

骗子 piànzi 명 사기꾼.
威胁 wēixié 동 (무력이나 권세로) 위협하다. 으르다. 협박하다.
轻视 qīngshì 동 경시하다. 무시하다. 가볍게 보다.
比划 bǐhua 동 손짓하다. 손짓으로 흉내 내다. [=比画]
发言 fāyán 동 의견을 발표하다. 발언하다.
看似 kànsì 동 마치 ……처럼 보이다.
羡慕 xiànmù 동 흠모하다. 부러워하다. 탐내다.

2. 성어 뜻과 쓰임 익히기

5. 无动于衷 [wú dòng yú zhōng]

衷[zhōng]: 내심, 속마음. 마음속에 아무런 느낌이 없다. 사람을 감동시키는 일, 감정을 건드리는 일에 조금도 감동하지 않고 마음이 조금도 동요되지 않다. 당연히 관심을 가져야 할 일에 전혀 무관심하다.

① 站在山顶，面对如此壮观的景色，谁能**无动于衷**？大家纷纷拿出相机来拍照。

② 如果你对现实生活中人们的幸福、不幸都**无动于衷**，那么你不可能成为一个好作家。

③ 不论父母怎么劝说，他都是一副**无动于衷**的样子，依旧每天关在房间里打游戏，不去上学。

山顶 shāndǐng 명 산꼭대기. 산 정상.

壮观 zhuàngguān 형 경관이 훌륭하고 장대하다. 장관이다.

纷纷 fēnfēn 부 (많은 사람이나 사물이) 잇달아. 연달아. 계속해서.

6. 无可奉告 [wú kě fèng gào]

奉告[fènggào]: 알려 드리다. 얘기해 줄 만한 것이 없다. 드릴 말씀이 없다. 알릴 것이 없다.

① 面对等在门前的一大群记者，警察局长说：“案情还在调查中，现在**无可奉告**。”

② 如果你对她感兴趣，那么应该直接去找她。关于她的个人情况，我**无可奉告**。

③ 不论你问什么，他都不会说**无可奉告**，而是会笑眯眯地说些什么。但是回头想，你会发现他什么也没说。

案情 ànqíng 명 사건의 경위. 줄거리.
笑眯眯 xiàomīmī 형 눈을 가늘게 뜨고 미소 짓는 모양. 빙그레 웃다.

7. 根深蒂固 [gēn shēn dì gù]

蒂[dì]: 꽃 혹은 과일 등의 가지와 줄기가 연결되는 부분. 기초가 튼튼하여 쉽게 흔들리지 않다. 깊이 뿌리 박혀 있다.

① 在父亲看来，不管房价多高，都必须在北京买房。因为只有住着自己的房子才能根深蒂固，才能永远留在北京。

② 你对他的偏见简直根深蒂固。他已经变了，和以前那个急功近利的他完全不同了。

③ 根深蒂固的传统习俗不是说改就可以改的，至少要经过几代人才可能改变。

偏见 piānjiàn 명 편견. 선입견.

至少 zhìshǎo 부 적어도. 최소한.

8. 归根结底 [guī gēn jié dǐ]

底[dǐ]: [=蔕][=柢], (사물의) 기초, 토대, 내부 상황, 속사정, 속내. 근본으로 돌아가다. 결국에 가서는. 결국. 끝내.

① 我认为，一切的竞争**归根结底**都是人才的竞争。我们要想办法留住人才。

② 尽管你们分手的原因可以找到好几个，但**归根结底**，是你们都太自我，总是坚持自己是对的。

③ 这次考试考得不好，你可以说因为题目太难、身体不舒服，其实**归根结底**，是你学得不认真。

想办法 xiǎngbànfǎ 방법을 생각하다. 방법을 강구하다.
总是 zǒngshì [부] 계속해서. 줄곧. 언제나.

확인하기 Ⅱ

1 빈 칸을 채우시오.

无动_______　　_______奉告　　根___蒂___　　归___结___

2 뜻에 근거하여 알맞은 성어를 쓰시오.

(1) 归结在根本上。 (　　　　)

(2) 没有什么可以告诉的。 (　　　　)

(3) 比喻基础深厚，不可动摇。 (　　　　)

(4) 对令人感动、触动的事毫不感动、触动，对应该关心的事毫不关心。

(　　　　)

归结 guījié 동 귀납하거나 총괄하다. 귀결시키다.

深厚 shēnhòu 형 (기초가) 견실하다. 튼튼하다. 단단하다

动摇 dòngyáo 동 동요하다. 흔들리다.

触动 chùdòng 동 (감정 변화, 추억 등을) 불러일으키다. 건드리다. 자아내다.

3 빈 칸에 들어갈 알맞은 성어를 쓰시오.

(1) 她的独立意识__________，尤其是经济独立的意识。和男朋友出去吃饭，她一定要自己付账。

(2) 她长得很漂亮，有不少男人追求她，但她都__________，立志做个不婚主义者。

(3) 关于今天讨论的具体内容，我们所有的人都签过保密协议，所以只能很抱歉地对你说__________了。

(4) 这两个民族之间存在着__________的矛盾，每过一段时间，就会发生一些冲突。

(5) 你的实力其实和他不相上下，但每次和他比赛都特别紧张，__________，是你不够自信。

付账 fùzhàng 동 돈을 지불하다. 계산하다.
追求 zhuīqiú 동 이성에게 구애하다. 이성을 따라다니다.
立志 lìzhì 동 뜻을 세우다. 결심하다.
签 qiān 동 서명하다. 사인하다.
保密 bǎomì 동 비밀을 지키다. 기밀로 하다.
协议 xiéyì 명 합의. 협의.
抱歉 bàoqiàn 동 미안해하다. 미안하게 생각하다. 죄송합니다.

실력향상을 위한 종합연습

1 성어를 활용하여 대화를 완성하시오.

(1) A: 她抱怨说你有时候太冷淡，下午你带着双胞胎弟弟去找她，很好玩吧？

B: ________________________________。（恍然大悟）

(2) A: 你把毕业设计拿给教授看了，教授怎么说？

B: ________________________________。（不屑一顾）

(3) A: 昨天晚上他们俩在操场上打了一架，为了什么事呀？

B: ________________________________。（无可奉告）

(4) A: 你知道中国年轻人结婚为什么一定要买房子吗？

B: ________________________________。（根深蒂固）

抱怨 bàoyuàn 동 불만을 품고 다른 사람이 옳지 않다고 열거하여 말하다. 원망하다.
双胞胎 shuāngbāotāi 명 쌍둥이.
操场 cāochǎng 명 운동장. 연병장.

2 빈 칸에 알맞은 성어를 써넣으시오.

电影里，那个年轻警察被派去犯罪集团卧底。为了取得他们的信任，他__________地参加各种犯罪活动，__________地打击对手，扩大自己帮派的势力。面对要他杀人的考验，他也表现得完全__________。最终，他成功地打入了犯罪集团。

卧底 wòdǐ 동 (정탐, 내통을 목적으로 미리) 적진에 잠입하다〔숨어들다〕.
帮派 bāngpài 명 파벌. 집단.
考验 kǎoyàn 동 시험하다. 시련을 주다. 검증하다.

3 단문을 읽고 내용에 근거하여 문제에 답하시오.

大学毕业二十年后，我发现同学之间的差别非常大。有些人已经在自己的行业里举足轻重，说话、举止都从容不迫，充满自信。有些人一见面就不停地抱怨上司对自己如何不公平，不给自己机会。听到这样的抱怨，我**无动于衷**。不是我缺乏同情心，而是因为在我看来，生活、工作不如意的话，**归根结底**，肯定是自己有问题。爱抱怨的人总认为问题出在别人身上，自己没有责任。如果不改变这种**根深蒂固**的想法，他们的生活状态就不可能改变。

(1) 大学毕业二十年后，同学们有什么差别？

(2) 听到别人的抱怨，文中的“我”有什么反应？

(3) 文中的“我”同意那些抱怨的人的看法吗？为什么？

(4) 在“我”看来，那些抱怨的人怎样才能改变他们的生活状态？

行业 hángyè 명 직업. 직종. 업종.
举止 jǔzhǐ 명 행동거지.
上司 shàngsi 명 상급자. 상사. 상관.
缺乏 quēfá 동 결핍되다. 결여되다.
如意 rúyì 동 뜻대로 되다.

世界人民大团结万岁

第十四课

半途而废

半途而废	锦绣前程	深情厚谊
称心如意	一帆风顺	喜闻乐见
兴高采烈	兴致勃勃	任重道远

chapter 14

1. 성어 뜻과 쓰임 익히기

1. 半途而废 [bàn tú ér fèi]

废[fèi]: 그만두다, 포기하다. 길을 절반 걸어가다가 멈췄다. 일을 다 끝내지 못하고 중도에 그만두다. 끝까지 버티지 못하다. 도중에 포기하다. 부정적인 의미를 포함한다.

① 他小时候学过钢琴、绘画、书法，最后都半途而废，现在什么也不会。

② 我先后帮他介绍过几份工作，他都因为各种原因半途而废了，我不会再帮他介绍了。

③ 任务开始前，我们尽可能把各种困难都考虑到，做好充分的准备，可以减少半途而废的可能性。

先后 xiānhòu 부 전후하여. 연속하여. 잇따라. 차례로.

减少 jiǎnshǎo 동 줄이다. 감소하다.

2. 锦绣前程 [jǐn xiù qián chéng]

아름답고 빛나는 미래. 전도양양한 앞날. 유망한 전도.

① 大学毕业时，每个人都期待自己有一个**锦绣前程**。

② 你简历作假的事情一定要保密，如果泄漏出去，你的**锦绣前程**就彻底断送了。

③ 他的父母早就为他选好了道路，但他坚定地要创造属于自己的**锦绣前程**。

简历 jiǎnlì 명 약력. 이력.

作假 zuòjiǎ 동 위조하다. 가짜를 쉬다.

泄漏 xièlòu 동 다른 사람이 알아서는 안 되는 일을 다른 사람이 알게 하다. 폭로되다. 새나가다.

彻底 chèdǐ 형 철저하다. 철저히 하다.

断送 duànsòng 동 (생명, 희망 등을) 잃다. 내버리다. 상실하다.

3. 深情厚谊 [shēn qíng hòu yì]

厚[hòu]: (감정이) 두텁다, 깊다; 谊[yì]: 우의, 우정, 정의(情谊), 정. 두터운 정의(情谊). 깊고 돈독한 우정.

① 我是农民的儿子，将来不论做什么工作，我对土地的深情厚谊都不会改变。

② 他给母校捐赠了一座图书馆，这代表着他对母校的深情厚谊。

③ 我在巴黎读书、生活了十年，和巴黎结下了深情厚谊，以后我一定还会再来的。

巴黎 Bālí 명 파리(Paris, 프랑스의 수도).
捐赠 juānzèng 동 기증하다. 기부하다. 헌납하다.

4. 称心如意 [chèn xīn rú yì]

称[chèn]: 어울리다, 맞다, 적합하다. 완전히 마음이 맞다. 자기 마음에 완전히 부합되다. 생각대로 되다.

① 你要移民我支持，但我有房有车，工作也称心如意，我才不想移民呢。

② 钱包丢了，手机坏了，被老板骂了，我最近就没有一件称心如意的事情。

③ 她和老板讨价还价，一直谈到原价的五折，她才称心如意地买下那条裙子。

④ 我们是专业的婚庆服务公司。婚礼的事情交给我们，我们一定帮你办得称心如意。

移民 yímín 동 이민하다.

婚庆 hūnqìng 명 결혼식.

婚礼 hūnlǐ 명 결혼식. 혼례.

확인하기 I

1 빈 칸을 채우시오.

________而废　　________前程　　深____厚____　　称____如____

2 뜻에 근거하여 알맞은 성어를 쓰시오.

(1) 完全合乎心意。 (　　　　)

(2) 深厚的感情与友谊。 (　　　　)

(3) 形容十分美好的前程。 (　　　　)

(4) 比喻事情没做完就停止了，不能坚持到底。 (　　　　)

合乎 héhū 동 ……에 맞다. ……에 부합하다.
心意 xīnyì 명 생각. 뜻. 마음.
深厚 shēnhòu 형 (감정이) 깊다. 두텁다.
前程 qiánchéng 명 장래. 전도.
到底 dàodǐ 동 끝까지 ……하다.

3 빈 칸에 들어갈 알맞은 성어를 쓰시오.

(1) 明天我就要回国了，你们全家对我的__________我会永远记在心里。

(2) 晚上我带你去一个地方吃饭，只要100元，就能让你吃得__________。

(3) 如果现在回国，那么在这里做的项目就_________了，因此我还是想呆到年底回去。

(4) 妈妈生病需要人照顾，但你的学业不能_________，我们还是请人来照顾妈妈吧。

(5) 因为每个人都相信只有进了好大学才会有_________，所以大家都拼命地想挤进那几所好大学。

拼命 pīnmìng 동 죽을힘을 다하다. 죽기 살기로 하다. 필사적으로 하다.

挤 jǐ 동 떼밀다. 비집다. 서로 밀치다.

2. 성어 뜻과 쓰임 익히기

5. 一帆风顺 [yī fān fēng shùn]

매우 순조로워서 전혀 좌절하지 않다. 일이 순조롭게 진행되다. 순풍에 돛을 달다.

① 他的事业在头几年一帆风顺，但是最近好像出了点问题。

② 人生太一帆风顺了未必是好事，很可能会让人变得经不住挫折。

③ 爱情的魅力并不在于一帆风顺，也许正在于它的曲折和不可预测。

④ 如果有人告诉你一个一帆风顺的创业故事，那么百分之九十的可能性是他在骗你。

头 tóu 형 처음. 첫. [수량사 앞에 쓰여 순서가 처음임을 나타냄.]
经不住 jīngbuzhù 감당할 수 없다. 견딜 수 없다. 이겨내지 못하다. 견뎌내지 못하다.
曲折 qūzhé 명 우여곡절. 복잡한 사정.
预测 yùcè 동 예측하다.

6. 喜闻乐见 [xǐ wén lè jiàn]

喜闻[xǐwén]: 즐겨 듣다; 乐见[lèjiàn]: 기꺼이 보다. 즐겨 듣고 즐겨 보다. 기쁜 마음으로 듣고 보다. 대중들에게 크게 사랑을 받다.

① 好的儿童文学作品应该是成人和儿童都**喜闻乐见**的。

② 他的作品生动、朴素，有着深厚的生活基础，为老百姓所**喜闻乐见**。

③ 儿童的直接经验是有限的，因此可以通过电影、电视、图片等儿童**喜闻乐见**的形式来丰富儿童的经验。

为…… 所…… wéi …… suǒ …… …에 의하여 ……하게 되다.

有限 yǒuxiàn 형 유한하다. 한계가 있다.

图片 túpiàn 명 사진, 그림, 탁본 등의 총칭.

7. 兴高采烈 [xìng gāo cǎi liè]

兴[xìng]: 흥미, 흥취, 취미; 采[cǎi]: 풍채, 기색, 정신, 표정; 烈[liè]: (강도, 농도, 힘 따위가) 세다, 크다, 진하다, 심하다. 글의 취향이 고상하고 필봉이 예리하다. 매우 흥분하고 기뻐하다. 신바람이 나다.

① 那天去相亲之前他兴高采烈的，可是回来的时候却无精打采的，可能姑娘没看上他吧。

② 他在电话里兴高采烈地告诉我，他下周就放假，可以回家了。

③ 我欢快地冲出了家门，像一匹兴高采烈的马一样欢快地奔跑了起来。

④ 他的工作正好是他的兴趣所在，因此虽然报酬不高，他仍然干得兴高采烈。

相亲 xiāngqīn 동 맞선을 보다.
匹 pǐ 양 말, 노새 등의 가축을 세는 단위. 필.
奔跑 bēnpǎo 동 질주하다. 빨리 달리다. 내달리다.
报酬 bàochou 명 보수. 사례금.

8. 兴致勃勃 [xìng zhì bó bó]

兴致[xìngzhì]: 흥(미), 재미, 흥취; 勃勃[bóbó]: 왕성한 모양, 강렬한 모양. 흥미가 농후하고 기분이 들뜨다. 흥미진진하다.

① 第一次去上舞蹈课的时候我**兴致勃勃**，可是很快我就发现练习舞蹈是很枯燥的。

② 他不喜欢逛街，不过看女朋友在化妆品柜台前**兴致勃勃**地比较口红的颜色，他只好耐心地坐在旁边等。

③ 自然博物馆里的那些石头在我眼里都差不多，可是他们俩看得**兴致勃勃**，一边看还一边讨论。

④ 我在门外就听到他们**兴致勃勃**的说话声，似乎是有了什么新的计划。

逛街 guàngjiē 동 길거리를 한가로이 거닐다. 거리 구경을 하다.

化妆品 huàzhuāngpǐn 명 화장품.

柜台 guìtái 명 코너. [점포 안의 물건을 팔고 영업을 하기 위한 한정된 일부 장소.]

口红 kǒuhóng 명 립스틱(lipstick).

耐心 nàixīn 형 참을성이 있다. 인내심이 강하다. 인내성이 있다.

似乎 sìhū 부 마치 ……인 것 같다.

9. 任重道远 [rèn zhòng dào yuǎn]

任[rèn]: 임무, 직무. 맡은 바 책임은 무겁고, 갈 길은 멀기만 하다. 책임이 무겁다.

① 这几年我们公司发展得不错，不过我们的目标是成为世界五百强，今后的工作还任重道远。

② 他从小的愿望就是世界和平。他知道实现这个愿望任重道远，但他愿意为之奋斗。

③ 作为一名环境工程专业的学生，看着灰色的天空，污染的河水，我深感任重道远。

污染 wūrǎn 동 오염되다. 유해물질이 섞여 들어가다.

深感 shēngǎn 동 깊이 느끼다.

확인하기 Ⅱ

1 빈 칸을 채우시오.

一帆________　　____闻____见　　兴____采____　　兴致________

任____道____

2 뜻에 근거하여 알맞은 성어를 쓰시오.

(1) 形容很受大众欢迎。 (　　　　　)

(2) 形容兴奋、快乐的样子。 (　　　　　)

(3) 比喻非常顺利，毫无挫折。 (　　　　　)

(4) 形容兴趣很浓厚，情绪很高。 (　　　　　)

(5) 比喻责任重大，要经历长期的奋斗。 (　　　　　)

重大 zhòngdà 형 중대하다. 크다. [추상적인 사물에 쓰임.]

经历 jīnglì 동 몸소 겪다. 체험하다. 경험하다.

3 빈 칸에 들어갈 알맞은 성어를 쓰시오.

(1) 作家只有深入社会，深入生活，才能创造出读者____________的作品来。

(2) 他的人生真可以说____________，大学毕业后进入政府部门，很快就被提拔当上了处长。

(3) 相声是一种老百姓____________的艺术形式，可惜最近几年没什么好作品。

(4) 由于地球环境持续恶化，很多地方的缺水情况越来越严重， 节水工作____________。

(5) 孩子____________地把他的第一幅作品拿来给你看，却被你打击得快哭了。真是岂有此理！

(6) 他今天可算是碰到一个和他兴趣一致的人了。从进门到现在，一个小时过去了，两个人还在____________地讨论最新型的飞机。

深入 shēnrù 동 깊이 들어가다. 깊이 파고들다. 깊이 침투하다.
提拔 tíbá 동 발탁하다. 등용하다.
相声 xiàngsheng 명 설창(說唱)문예의 일종. 만담. 재담.
可惜 kěxī 형 아깝다. 유감스럽다. 아쉽다.
持续 chíxù 동 지속하다.
缺水 quēshuǐ 동 물 부족 현상을 빚다. 물이 부족하다.
节水 jiéshuǐ 동 물을 절약하다. 물을 아껴 쓰다.

실력향상을 위한 종합연습

1 성어를 활용하여 대화를 완성하시오.

(1) A: 我老是听她说减肥，怎么看起来一点儿变化也没有？

B: ______________________________。（半途而废）

(2) A: 大学毕业你都换了四份工作了，最近这份工作怎么样？

B: ______________________________。（称心如意）

(3) A: 还有两个星期国宝展览就要开展了，你们准备得怎么样了？

B: ______________________________。（一帆风顺）

(4) A: 你知道把消灭饥饿和贫困作为人生追求意味着什么吗？

B: ______________________________。（任重道远）

开展 kāizhǎn 동 전람회, 전시회 등이 열리다.
消灭 xiāomiè 동 없애다. 사라지게 하다. 제거하다. 소멸시키다.
饥饿 jī'è 형 배고프다. 굶주리다. 기아에 허덕이다.
贫困 pínkùn 형 빈곤하다. 곤궁하다.

2 빈 칸에 알맞은 성어를 써넣으시오.

今年由张河恩策划的新年晚会太棒了！ 晚会的节目丰富多彩，各种你能想到的__________的表演形式都有，所以不论男女老少，每个人都看得______________。最后的抽奖活动让大家更加__________，因为参加晚会的每个人都有奖。

策划 cèhuà 동 기획하다. 꾸미다.
老少 lǎoshào 명 노인과 아이.
抽奖 chōujiǎng 동 수상자를 추첨하다. 당첨자를 뽑다.

3 단문을 읽고 내용에 근거하여 문제에 답하시오.

今天我非常高兴，能够有机会站在这里说几句心里话。首先，我要特别感谢一年来老师和同学们对我的**深情厚谊**，让我在最困难的时候没有**半途而废**，让我的留学生活充实而温暖。其次，我知道在座的同学有不少和我一样，未来的理想是促进不同国家的文化交流。我们毕业了，实现我们的理想**任重道远**，让我们一起努力！最后，明天我们就要回国了，我祝愿所有的同学都有一个**锦绣前程**，生活**称心如意**！

(1) 一年的留学生活结束了，“我”要感谢谁？为什么？

(2) “我”和不少同学的理想是什么？这个理想容易实现吗？

(3) “我”对同学有什么样的祝福？

心里 xīnlǐ 명 마음(속). 머릿속. [心里话(마음속의 말, 진담, 참말)]
在座 zàizuò 동 출석하다. 참석하다. 자리에 있다.
祝愿 zhùyuàn 동 축원하다. 기원하다.
祝福 zhùfú 명 축복. 축하.

참고답안

제1과

Ⅰ. 성어 뜻과 쓰임 익히기

확인하기 Ⅰ

1. 心，意； 举，得； 连三； 两语； 落四； 不三
2. (1) 三言两语　(2) 一心一意　(3) 不三不四
(4) 接二连三　(5) 一举两得　(6) 丢三落四
3. (1) 丢三落四　(2) 接二连三　(3) 一心一意
(4) 三言两语　(5) 不三不四　(6) 一举两得

Ⅱ. 성어 뜻과 쓰임 익히기

확인하기 Ⅱ

1. 三，五； 五颜； 七八； 八下； 全，美； 百计
2. (1) 三番五次　(2) 千方百计　(3) 七上八下
(4) 十全十美　(5) 五颜六色　(6) 乱七八糟
3. (1) 三番五次　(2) 五颜六色　(3) 千方百计
(4) 乱七八糟　(5) 七上八下　(6) 十全十美

실력향상을 위한 종합연습

1. (1) 我的"秘诀"就是做什么事情都一心一意，做到最好。
(2) 你可以走路或者骑车上下班啊，又省时间又锻炼身体，一举两得。
(3) 因为他讲课特别清楚，很多复杂的问题他三言两语就能讲明白。
(4) 为了健康，不管多难，他都应该千方百计地把烟戒掉。
2. 一心一意； 五颜六色； 乱七八糟
3. (1) 李强很马虎，经常丢三落四。
(2) 因为他觉得人没有十全十美的，而且丢三落四只是小毛病，所以不需要改。
(3) 最近他接二连三地出错，昨天竟然把公司的重要文件丢在出租车上了。
(4) 因为他千方百计才把文件找回来，如果找不回来，后果会很严重。这让他知道丢三落四不是小毛病，必须改掉。

제2과

Ⅰ. 성어 뜻과 쓰임 익히기

확인하기 Ⅰ

1. 讨，还； 美，廉； 应求； 东，西
2. (1) 东张西望　(2) 供不应求　(3) 物美价廉　(4) 讨价还价

3．（1）东张西望　（2）讨价还价　（3）物美价廉　（4）供不应求
（5）讨价还价

Ⅱ. 성어 뜻과 쓰임 익히기

확인하기 Ⅱ

1．设法； 奈何； 多，广； 牙，齿； 周知
2．（1）无可奈何　（2）众所周知　（3）咬牙切齿　（4）见多识广　（5）想方设法
3．（1）众所周知　（2）咬牙切齿　（3）见多识广　（4）想方设法　（5）无可奈何
（6）无可奈何，无可奈何

실력향상을 위한 종합연습

1．（1）能啊。一般来说，在人群里东张西望的那个人最有可能是小偷。
（2）你这么想看，那我想方设法也要帮你买到票，满足你的心愿。
（3）他气得咬牙切齿的，把我大骂了一顿。
（4）他见多识广，跟他聊天特别有意思。
2．众所周知； 物美价廉； 讨价还价
3．（1）这家店生意很好。因为不少款式的工艺品都供不应求。
（2）我是个见多识广的人，但仍然为店主的设计和风格惊叹，这说明店里的东西确实非常特别。
（3）因为店里的东西不便宜，店主也不接受讨价还价，所以我只买了三件。

제3과

Ⅰ. 성어 뜻과 쓰임 익히기

확인하기 Ⅰ

1．风土； 古迹； 飞，走； 崖，壁； 汹涌
2．（1）飞禽走兽　（2）悬崖峭壁　（3）波涛汹涌　（4）风土人情　（5）名胜古迹
3．（1）波涛汹涌　（2）名胜古迹　（3）悬崖峭壁　（4）飞禽走兽　（5）风土人情
（6）波涛汹涌

Ⅱ. 성어 뜻과 쓰임 익히기

확인하기 Ⅱ

1．独厚； 丰富； 举世； 络绎
2．（1）丰富多彩　（2）举世闻名　（3）络绎不绝　（4）得天独厚
3．（1）举世闻名　（2）得天独厚　（3）络绎不绝　（4）得天独厚　（5）丰富多彩

실력향상을 위한 종합연습

1. (1) 我打算去北京，看看那里的名胜古迹。
   (2) 去不同的地方旅行可以见识不同的风土人情，可以开阔我的视野。
   (3) 那今年表演的音乐风格上一定丰富多彩。
   (4) 所以商店里顾客络绎不绝啊。我们也去逛逛吧。
2. 得天独厚； 飞禽走兽； 丰富多彩
3. (1) 一般的游客喜欢去举世闻名风景优美的旅游胜地。
   (2) 我爱探险，更愿意去无路可走的悬崖峭壁，波涛汹涌的大海，人迹罕至的沙漠。
   (3) 探险让我认识到自然界的伟大，也加深了我对自己的了解。

제4과

Ⅰ. 성어 뜻과 쓰임 익히기

확인하기 Ⅰ

1. 新，异； 不穷； 欣欣； 川流
2. (1) 层出不穷 (2) 日新月异 (3) 欣欣向荣 (4) 川流不息
3. (1) 川流不息 (2) 欣欣向荣 (3) 日新月异 (4) 层出不穷 (5) 欣欣向荣

Ⅱ. 성어 뜻과 쓰임 익히기

확인하기 Ⅱ

1. 举世； 自力； 安，乐； 知足； 俱增
2. (1) 举世瞩目 (2) 自力更生 (3) 知足常乐 (4) 安居乐业 (5) 与日俱增
3. (1) 自力更生 (2) 知足常乐 (3) 举世瞩目 (4) 与日俱增 (5) 举世瞩目
   (6) 安居乐业

실력향상을 위한 종합연습

1. (1) 印象太好了！这儿环境优美，人人安居乐业，我都想来这里定居了。
   (2) 累是累，但我希望自己早一点自力更生，减轻父母的负担。
   (3) 这家看起来很普通，但是顾客却川流不息，说明菜的味道一定很好。
   (4) 我喜欢春天。春天万物欣欣向荣，我觉得自己也充满了活力。
2. 日新月异； 层出不穷； 知足常乐
3. (1) 八十年代后，中国经济发展取得了举世瞩目的成就。
   (2) 因为上海的发展日新月异。高楼大厦层出不穷，车辆川流不息，商业繁荣，文化娱乐发达，一切看起来都欣欣向荣。
   (3) 上海的变化让我回国的念头与日剧增。

제5과

Ⅰ. 성어 뜻과 쓰임 익히기

확인하기 Ⅰ

1. 助长； 急于； 功, 利； 偿失
2. (1) 急于求成 (2) 得不偿失 (3) 急功近利 (4) 拔苗助长
3. (1) 拔苗助长 (2) 急于求成 (3) 急功近利 (4) 得不偿失 (5) 急于求成

Ⅱ. 성어 뜻과 쓰임 익히기

확인하기 Ⅱ

1. 聚, 会； 津津； 蓬勃； 争, 恐； 打采
2. (1) 聚精会神 (2) 争先恐后 (3) 无精打采 (4) 津津有味 (5) 朝气蓬勃
3. (1) 津津有味 (2) 朝气蓬勃 (3) 聚精会神 (4) 争先恐后 (5) 争先恐后 (6) 无精打采

실력향상을 위한 종합연습

1. (1) 我想大概是太想出名或者太想赚钱，过于急功近利了。
   (2) 你问问医生再决定吧。如果因为减肥把身体搞坏了，就得不偿失了。
   (3) 这家小公司的员工年轻，有干劲儿，整个公司朝气蓬勃，我喜欢这样的气氛。
   (4) 怪不得每个人都无精打采的。
2. 聚精会神；争先恐后；朝气蓬勃
3. (1) 我的同学可以分为三类。一类是想找稳定的工作，实现自力更生的，一类是想自己创业的，还有一类是急功近利的，想轻轻松松地赚大钱。
   (2) 对于想自己创业的同学，我相信只要他们不急于求成，认真、努力，加上运气，一定可以成功。
   (3) 对于急功近利的同学，我希望他们放弃这种想法，否则将来他们会发现得不偿失。

제6과

Ⅰ. 성어 뜻과 쓰임 익히기

확인하기 Ⅰ

1. 滔滔； 钉, 铁； 各抒； 直, 壮
2. (1) 滔滔不绝 (2) 各抒己见 (3) 斩钉截铁 (4) 理直气壮
3. (1) 斩钉截铁 (2) 理直气壮 (3) 滔滔不绝 (4) 各抒己见 (5) 滔滔不绝

Ⅱ. 성어 뜻과 쓰임 익히기

확인하기 Ⅱ

1. 上下； 取闹； 其妙； 岂有； 翼翼
2. (1) 岂有此理 (2) 无理取闹 (3) 不相上下 (4) 莫名其妙 (5) 小心翼翼
3. (1) 不相上下 (2) 小心翼翼 (3) 无理取闹 (4) 岂有此理 (5) 无理取闹
   (6) 莫名其妙

실력향상을 위한 종합연습

1. (1) 老师斩钉截铁地拒绝了。
   (2) 我们俩实力不相上下，输赢就看谁发挥得更好一些。
   (3) 看他们小心翼翼的样子，应该是贵重的东西或者易碎的东西。
   (4) 我也正莫名其妙呢。难道是我无意中做错了什么？
2. 不相上下； 滔滔不绝； 莫名其妙
3. (1) 因为王老师尊重学生，尊重学生的想法。
   (2) 学生在王老师的课堂上可以各抒己见，可以理直气壮地和他争论。
   (3) 王老师不会批评学生无理取闹或者岂有此理，而是引导学生自己发现错误。
   (4) 胆小的学生在王老师的课上也不会小心翼翼，而是大胆发言。

제7과

Ⅰ. 성어 뜻과 쓰임 익히기

확인하기 Ⅰ

1. 勇为； 当然； 能及； 竭尽
2. (1) 竭尽全力 (2) 理所当然 (3) 力所能及 (4) 见义勇为
3. (1) 见义勇为 (2) 力所能及 (3) 理所当然 (4) 理所当然 (5) 竭尽全力

Ⅱ. 성어 뜻과 쓰임 익히기

확인하기 Ⅱ

1. 其实； 喻，晓； 不言； 可贵； 既往
2. (1) 不言而喻 (2) 名副其实 (3) 家喻户晓 (4) 难能可贵 (5) 一如既往
3. (1) 名副其实 (2) 家喻户晓 (3) 一如既往 (4) 不言而喻 (5) 难能可贵
   (6) 一如既往

실력향상을 위한 종합연습

1. (1) 她那么温柔、大方，男生喜欢她是理所当然的事。
   (2) 我也是。我们商量商量，看看在我们力所能及的范围内，有什么事情是我们可以帮他的。

(3) 当然知道。他可是中国家喻户晓的篮球运动员。
(4) 你看看他们俩的表情，谁输谁赢不是不言而喻的事情吗？

2. 名副其实； 见义勇为； 力所能及

3. (1) 我的偶像是一位家喻户晓的演员。
(2) 面对各种各样的困难，他竭尽全力，珍惜每一次机会。
(3) 在荣誉面前，他一如既往地谦虚低调。他认为自己只是做了一名演员力所能及的事情。

제8과

Ⅰ. 성어 뜻과 쓰임 익히기

확인하기 Ⅰ

1. 释手； 大，深； 前, 后； 穷，尽
2. (1) 无穷无尽 (2) 空前绝后 (3) 博大精深 (4) 爱不释手
3. (1) 博大精深 (2) 空前绝后 (3) 博大精深 (4) 无穷无尽 (5) 爱不释手

Ⅱ. 성어 뜻과 쓰임 익히기

확인하기 Ⅱ

1. 代谢； 及待； 后顾； 迄今
2. (1) 迄今为止 (2) 新陈代谢 (3) 迫不及待 (4) 后顾之忧
3. (1) 新陈代谢 (2) 后顾之忧 (3) 迄今为止 (4) 后顾之忧 (5) 迫不及待

실력향상을 위한 종합연습

1. (1) 这款手机功能强大，特别好用，真的让我爱不释手。
(2) 哪里哪里！古典文学博大精深，花一辈子时间研究也不够。
(3) 是的。我已经迫不及待要见他们了。
(4) 没有。我还没结婚，没有家庭需要照顾，没有任何后顾之忧。

2. 爱不释手； 无穷无尽； 迄今为止

3. (1) 我认为人类社会的一个基本规律是新陈代谢。
(2) 他是古典音乐史上空前绝后的音乐家。
(3) 因为每次遭遇挫折的时候，我都能从他的音乐里获得无穷无尽的力量，重新恢复斗志。

제9과

Ⅰ. 성어 뜻과 쓰임 익히기

확인하기 Ⅰ

1. 添足； 容缓； 之急； 不迫
2. (1) 从容不迫 (2) 画蛇添足 (3) 刻不容缓 (4) 当务之急
3. (1) 当务之急 (2) 画蛇添足 (3) 刻不容缓 (4) 从容不迫 (5) 画蛇添足

Ⅱ. 성어 뜻과 쓰임 익히기

확인하기 Ⅱ

1. 雪，霜； 易举； 轻重； 足道
2. (1) 微不足道 (2) 轻而易举 (3) 雪上加霜 (4) 举足轻重
3. (1) 雪上加霜 (2) 举足轻重 (3) 轻而易举 (4) 轻而易举 (5) 微不足道

실력향상을 위한 종합연습

1. (1) 我觉得对这个场合来说，那朵玫瑰插花有点儿画蛇添足了。
   (2) 那你赶紧回去。当务之急是休息，或者看医生。不能拿身体开玩笑。
   (3) 你夸得我太不好意思了。我做的不过是些微不足道的小事。
   (4) 我最佩服他的地方就是无论情况多么紧急，他都那么从容不迫。
2. 从容不迫； 轻而易举； 举足轻重
3. (1) 在他的印象中，那一年的自然灾害接二连三。
   (2) 西南地区受灾最严重。先是发生了特大地震，雪上加霜的是，接着又出现了百年来最大的暴雨。
   (3) 救灾工作刻不容缓地展开了。全社会捐钱捐物，很多人还自愿前往灾区救助。

제10과

Ⅰ. 성어 뜻과 쓰임 익히기

확인하기 Ⅰ

1. 不舍； 渐进； 接，厉； 以赴
2. (1) 全力以赴 (2) 再接再厉 (3) 锲而不舍 (4) 循序渐进
3. (1) 循序渐进 (2) 全力以赴 (3) 全力以赴 (4) 锲而不舍 (5) 再接再厉

Ⅱ. 성어 뜻과 쓰임 익히기

확인하기 Ⅱ

1. 不苟； 不紊； 业业； 益求； 总而

2. (1) 总而言之 (2) 兢兢业业 (3) 精益求精 (4) 一丝不苟 (5) 有条不紊
3. (1) 精益求精 (2) 有条不紊 (3) 一丝不苟 (4) 有条不紊 (5) 兢兢业业
(6) 总而言之

실력향상을 위한 종합연습

1. (1) 我希望自己能够再接再厉，取得更好的成绩。
(2) 有。只要我全力以赴，肯定能考上。
(3) 没有什么特别的方法。只是从拼音和汉字开始，我就一丝不苟地学，不放过任何一个错误。
(4) 我觉得他很好。工作兢兢业业，能力也不错。
2. 全力以赴； 有条不紊； 锲而不舍
3. (1) 她是一个完美主义者，做什么都一丝不苟，一定要做到最好。
(2) 她要求孩子做事也要精益求精。
(3) 我认为正确的教育方法是循序渐进，在不同的阶段对孩子提不同的要求。
(4) 我认为她的方法是拔苗助长。

제11과

Ⅰ. 성어 뜻과 쓰임 익히기

확인하기 Ⅰ

1. 精，细； 沧桑； 苦，甘； 潜，默
2. (1) 饱经沧桑 (2) 苦尽甘来 (3) 精打细算 (4) 潜移默化
3. (1) 精打细算 (2) 苦尽甘来 (3) 精打细算 (4) 饱经沧桑 (5) 潜移默化

Ⅱ. 성어 뜻과 쓰임 익히기

확인하기 Ⅱ

1. 之乐； 为力； 不至； 忧，虑
2. (1) 天伦之乐 (2) 无微不至 (3) 无忧无虑 (4) 无能为力
3. (1) 无能为力 (2) 天伦之乐 (3) 无微不至 (4) 无能为力 (5) 无忧无虑

실력향상을 위한 종합연습

1. (1) 精打细算着花的话，应该够了。
(2) 老人们饱经沧桑，每个人身上有着不同的故事。拍出来的照片，让人觉得内容特别丰富。
(3) 我不是学音乐的。只是我父母喜欢听古典音乐，所以我在潜移默化中了解了很多。
(4) 我最理想的状态就是不用为生活发愁，每天无忧无虑，做自己想做的事。

2. 精打细算； 苦尽甘来； 无微不至； 天伦之乐
3. (1) 我在古镇上的生活无忧无虑。我在潜移默化中爱上了那样的传统建筑和生活方式。
   (2) 奶奶的房子饱经沧桑，被水淹过，被火烧过，不能居住了，只好拆掉。
   (3) 我想保留老房子，但无能为力。

제12과

Ⅰ. 성어 뜻과 쓰임 익히기

확인하기 Ⅰ

1. 求是； 往，来； 好处； 统，兼
2. (1) 统筹兼顾 (2) 继往开来 (3) 恰到好处 (4) 实事求是
3. (1) 恰到好处 (2) 实事求是 (3) 恰到好处 (4) 继往开来 (5) 统筹兼顾

Ⅱ. 성어 뜻과 쓰임 익히기

확인하기 Ⅱ

1. 了然； 辅，成； 思议； 心，力
2. (1) 一目了然 (2) 齐心协力 (3) 相辅相成 (4) 不可思议
3. (1) 相辅相成 (2) 不可思议 (3) 齐心协力 (4) 一目了然 (5) 一目了然

실력향상을 위한 종합연습

1. (1) 实事求是地说，我觉得他演得不算好。他没有表现出人物性格的复杂性。
   (2) 他的笔记真清楚，重点和难点一目了然，怪不得他成绩那么好。
   (3) 是的。一粒米上竟然能画那么复杂的画儿，太不可思议了！
   (4) 我认为自由和约束是相辅相成的，没有绝对的自由。
2. 不可思议； 一目了然； 统筹兼顾
3. (1) 因为我看过他发表获奖感言，认为他的获奖感言有着恰到好处的真诚。
   (2) 前辈告诉他任何领域都需要继往开来，继承和开拓缺一不可。
   (3) 因为他的团队热情、有理想，又齐心协力。

제13과

Ⅰ. 성어 뜻과 쓰임 익히기

확인하기 Ⅰ

1. 手段； 恍然； 不屑； 忌惮

2. (1) 恍然大悟 (2) 肆无忌惮 (3) 不择手段 (4) 不屑一顾
3. (1) 不择手段 (2) 不屑一顾 (3) 恍然大悟 (4) 恍然大悟 (5) 肆无忌惮

Ⅱ. 성어 뜻과 쓰임 익히기

확인하기 Ⅱ

1. 于衷； 无可； 深，固； 根，底
2. (1) 归根结底 (2) 无可奉告 (3) 根深蒂固 (4) 无动于衷
3. (1) 根深蒂固 (2) 无动于衷 (3) 无可奉告 (4) 根深蒂固 (5) 归根结底

실력향상을 위한 종합연습

1. (1) 是的。看到我们俩，她才恍然大悟，那几次是她认错人了。
   (2) 教授对我的设计不屑一顾，说完全没有新意。
   (3) 他们俩的事你得去问他们，我无可奉告。
   (4) 结婚必须买房，这是中国人根深蒂固的传统观念。
2. 肆无忌惮； 不择手段； 无动于衷
3. (1) 有的人已经在自己的行业里举足轻重，说话、举止都从容不迫，充满自信。有的人则一直抱怨上司不给自己机会。
   (2) 听到他们的抱怨，我无动于衷。
   (3) 我不同意那些不停地抱怨的人的看法。我认为如果生活、工作不如意，归根结底，是自己有问题。
   (4) 在我看来，只有改变他们根深蒂固的责任都在别人身上的想法，才能改变他们的生活状态。

제14과

Ⅰ. 성어 뜻과 쓰임 익히기

확인하기 Ⅰ

1. 半途； 锦绣； 情，谊； 心，意
2. (1) 称心如意 (2) 深情厚谊 (3) 锦绣前程 (4) 半途而废
3. (1) 深情厚谊 (2) 称心如意 (3) 半途而废 (4) 半途而废 (5) 锦绣前程

Ⅱ. 성어 뜻과 쓰임 익히기

확인하기 Ⅱ

1. 风顺； 喜，乐； 高，烈； 勃勃； 重，远
2. (1) 喜闻乐见 (2) 兴高采烈 (3) 一帆风顺 (4) 兴致勃勃 (5) 任重道远
3. (1) 喜闻乐见 (2) 一帆风顺 (3) 喜闻乐见 (4) 任重道远 (5) 兴高采烈
   (6) 兴致勃勃

실력향상을 위한 종합연습

1. (1) 因为她每次减肥都半途而废。
   (2) 这份工作既符合我的兴趣，收入也不错，算是称心如意了。我会好好儿干的。
   (3) 准备工作一帆风顺，就等着开展了。
   (4) 我知道这任重道远，但我会为它奋斗一辈子的。
2. 喜闻乐见； 兴致勃勃； 兴高采烈
3. (1) 我要特别感谢老师和同学。因为他们对我的深情厚谊，让我在最困难的时候没有半途而废，让我的留学生活充实而温暖。
   (2) 我们的理想都是促进不同国家的文化交流。实现理想任重道远。
   (3) 我祝福所有的同学都有锦绣前程，生活称心如意。

해 석

제1과

Ⅰ. 성어 뜻과 쓰임 익히기

1. 一举两得

① 당신이 직접 손으로 카드를 써서 선생님께 드리면, 마음을 표현할 수 있을 뿐만 아니라, 중국어를 연습할 수도 있으니 일거양득 아닙니까?
② 그녀는 이미 마신 음료수병으로 화병을 몇 개 만들었는데, 쓰레기를 줄일 뿐 아니라 꽃꽂이를 할 수도 있어서 정말로 일거양득이다.
③ 수업 후에 아르바이트를 하면, 돈을 벌 수 있고 경험도 쌓을 수 있는데, 당신은 왜 이렇게 일석이조인 일을 하지 않습니까?

2. 一心一意

① 고등학교에 진학한 후, 그는 갑자기 영어에 흥미를 느껴 전심전력으로 외국에 유학 가려고 한다.
② 그의 가게에서는 찐빵만 파는데, 그는 전심전력으로 찐빵을 만들어 전 세계에서 가장 맛있는 찐빵을 만들려고 한다. 나는 이제껏 이렇게 전심전력을 다하는 사람을 본 적이 없다.
③ 결혼 전에 그는 여자 친구를 많이 사귀었지만, 결혼 후에는 아내에게 일편단심이다.

3. 接二连三

① 올해 회사가 매우 빨리 발전하면서, 끊임없이 좋은 소식이 전해오자 사장님은 입을 다물지 못할 정도로 기뻤다.
② 계속되는 나의 문제에 그녀는 귀찮다는 듯이 눈살을 찌푸렸다.
③ 당신은 최근에 계속 실수를 하는데, 무슨 골칫거리가 있는 거 아닙니까?
④ 그를 인터뷰한 기사가 연이어 신문에 나자, 그의 인기는 빠르게 상승하였다.

4. 三言两语

① 그는 선생님이 매우 적성에 맞는데, 아무리 복잡한 문제일지라도 몇 마디 말로 분명히 말할 수 있기 때문이다.
② 나와 그 사이의 일은 두 세 마디 말로 정확히 말할 수 없으니, 나중에 기회가 되면 자세히 말씀드리겠습니다.
③ 그는 줄곧 조용히 우리들이 토론하는 것을 듣고 있었고, 간혹 두 세 마디 말을 하였는데, 문제를 제기하거나 대답을 하는 정도였다.
④ 회의 사회자가 몇 마디로 회의 주제를 소개한 후, 모두들 자유발언을 하기 시작했다.

5. 丢三落四

① 수면이 부족하기 때문에 그는 자주 이것저것 잊곤 하는데, 아침에 집을 나설 때도 지갑을 잊어버리든가 열쇠를 잊어버린다.
② 그는 늘 이것저것 잘 빠뜨리는데, 이것은 그가 올해 잃어버린 세 번째 휴대폰이다.
③ 그는 덜렁거리는 사람이 아닌데, 왜 회사의 서류를 택시에 두고 내렸을까요?
④ 아무리 치밀한 사람이라도 이것저것 빠뜨릴 때가 있는 것이니, 당신은 그를 꾸짖지 마십시오.

6. 不三不四

① 중·고등학교 시절 그는 열심히 공부하지 않았고, 자주 사회의 너절한 사람들과 어울려 싸우고 물건을 훔쳤다.

② 그는 자주 이 일대에서 품행이 불량한 일을 했기 때문에, 사건이 발생한 후 우리들은 첫 번째로 그를 의심하였다.

③ 이 문장은 각기 여러 사람이 이리 저리 수정하여, 마지막에는 오히려 이도 저도 아니게 바뀌어 버렸다.

④ 부모님은 항상 내 차림새가 단정하지 않다고 말씀하시는데, 사실 그들은 찢어진 바지, 배꼽티가 젊은이들 사이에서 얼마나 유행하는지 모르신다.

확인하기 I

2. (1) 말이 아주 적다.
   (2) 마음이 한결같다.
   (3) 꼴이 말이 아니거나 혹은 행실이 그르다.
   (4) 줄줄이 이어지다, 연속되어 끊이지 않다.
   (5) 한 가지 일을 하고 두 가지 이익을 얻다.
   (6) 세심하지 못하거나 건망증이 심해서 이것저것 잘 잊어버리다.

3. (1) 당신은 늘 이렇게 이것저것 빠뜨리니, 얼마나 많은 물건을 잃어버릴지.
   (2) 1년 동안 이 거리의 작은 상점들이 잇따라서 문을 닫는 것으로 보아, 현재의 경제 상황이 매우 좋지 않음을 알 수 있다.
   (3) 부상을 당했던 그 기간 동안 외출을 할 수 없었기 때문에, 그는 아예 집에서 전심전력으로 서예를 연습하기 시작하였고, 몇 달이 지나자 놀랍게도 꽤 멋지게 연습해냈다.
   (4) 나와 그가 처음 만났던 시간은 겨우 몇 분이었고 말도 두세 마디뿐이었지만, 우리들에게 20년이 넘는 우정이 시작되게 하였다.
   (5) 이전에 이 일대의 치안은 좋았지만, 최근에는 자주 행실이 그른 사람들이 근처에서 하릴없이 빈둥거려 사람들을 불안하게 한다.
   (6) 그녀는 양로원에 가서 자원봉사활동을 하는 것이 일석이조의 좋은 일이라고 생각하는데, 첫째는 노인을 돕고, 둘째는 그녀도 시간을 보내며 외로움을 느끼지 않기 때문이다.

Ⅱ. 성어 뜻과 쓰임 익히기

7. 三番五次

① 당신은 수차례 그녀에게 상처를 줬기 때문에, 그녀를 사랑한다고 말할 자격이 없다.

② 그가 여러 번 전화를 걸어 도와달라고 해서 거절하기가 미안했다.

③ 부모님께서 여러 차례 요구하셔서, 나는 하는 수 없이 휴학을 하고 유학을 준비하는 것에 동의하였다.

8. 五颜六色

① 이 마을의 집들은 각양각색이어서 마치 한 개의 동화왕국처럼 보인다.
② 바닷가에 각양각색의 파라솔이 세워져 있는 것으로 보아 오늘 관광객이 적지 않은 것 같다.
③ 그는 이미 각양각색의 장난감이 잔뜩 있으니, 그에게 장난감을 또 선물하는 것은 의미가 없다.
④ 그는 방의 벽을 여러 가지 색으로 페인트칠을 하고, 이러한 방이 그에게 더욱 활력이 넘치게 한다고 말한다.

9. 乱七八糟

① 그녀는 아주 예쁘게 치장하지만, 그녀의 방은 늘 지저분하다.
② 그는 피아노 치는 건 엉망진창이지만, 그가 노래를 부르면 매우 듣기가 좋다.
③ 이렇게 엉망진창인 문장을 당신은 부끄러운 줄도 모르고 열심히 하루 동안 썼다고 말하다니.

10. 七上八下

① 그는 입으로는 자신만만하다고 말하지만, 사실 마음속으로는 조마조마하고 조금도 자신이 없다.
② 이 나쁜 소식을 어떻게 말해야 노인을 자극하지 않을 수 있을까? 나는 마음이 혼란스러워 생각을 결정하지 못하겠다.
③ 이번 시험에서 복습을 충분히 하지 못했기 때문에, 성적표를 확인하고서야 나는 비로소 조마조마한 마음이 안정될 수 있었다.
④ 의사의 말에 나는 가슴이 두근거렸고, 내일부터는 술도 끊고 담배도 끊고 건강한 생활을 해야겠다고 결심하였다.

11. 十全十美

① 만일 당신이 이 제도가 완전무결하다고 생각한다면, 아마도 당신은 그것에 대해 완전하게 이해하지 못한 것이다.
② 사람은 누구나 장점과 단점을 가지고 있는데, 모든 방면에 완전무결하고 전혀 단점이 없는 사람을 당신은 찾을 수 있습니까?
③ 나는 완전무결한 계획서를 써낼 수는 없고, 단지 다른 사람 것보다 좋으면 된다.
④ 그의 성격은 이렇게 모든 일을 완전무결하게 하려고 하니 힘이 듭니다.

12. 千方百计

① 나는 모든 방법을 다해서 겨우 표 두 장을 구했는데, 보러 가지 않겠다고요?
② 그 운전기사는 모든 수단과 방법을 다해서 분실자를 찾았고, 여행 가방을 그에게 돌려주었다.
③ 그는 매우 책임감이 강한 사람이기 때문에, 자신에게 부여된 임무이기만 하면 모든 방법을 다해서 완성한다.

확인하기 Ⅱ

2. (1) 거듭. 반복해서. 여러 번의.
   (2) 모든 수단과 방법을 다하다.
   (3) 마음이 허둥대고 불안하다.
   (4) 모든 방면에 완전무결하여 결함이 없다.

(5) 색채가 풍부하다. 각양각색을 의미하는 뜻으로 파생됨.
(6) 매우 혼란하여 조리가 없고 질서가 없다.

3. (1) 그가 계속해서 편지를 보내 그의 고향에 놀러 오라고 초청해서, 나는 올해 여름에 갈 계획이다.
(2) 오늘은 국경절이라서 광장 도처에는 여러 가지 빛깔의 오색 깃발이 걸려있고 경축일 분위기가 농후하다.
(3) 지금은 경쟁이 치열한데, 우리 회사는 모든 방법을 동원해서 원가를 낮추고, 겨우 생존하게 되었다.
(4) 최근에 내 생활에는 혼란스러운 일들이 많이 발생해서, 내가 정신을 집중해서 공부를 할 수 없게 한다.
(5) 그는 이리저리 생각해봐도, 모든 방법이 문제가 있다고 여겨지자, 마음이 허둥대고 불안하여 의견이 없었다.
(6) 세상에는 모든 방면에 완전무결한 일은 없는 것이니, 돈을 가진 사람은 시간이 없고, 시간이 있는 사람은 돈이 없다.

실력향상을 위한 종합연습

1. (1) 당신은 이렇게 젊은데 이런 큰 성과를 얻었으니, 무슨 비결이 있는지 말씀 좀 해줄 수 있습니까?
(2) 이 길은 점점 더 막힌다. 원래는 출·퇴근하는 데 반 시간 정도면 되었는데, 지금은 한 시간 정도 걸린다. 게다가, 최근에는 자주 초과 근무를 하니 운동할 시간이 없어서 나는 살이 2kg 이나 쪘다.
(3) 왜 왕 교수님 수업 듣는 것을 특별히 좋아합니까?
(4) 의사는 왕리의 폐에 문제가 있다고 말하였고, 담배를 끊으라고 요구하였지만, 그는 금연이 너무 어렵다고 말하였다.

2. 띵칭은 원예를 매우 좋아한다. 시간이 나면 정원에서 전심전력으로 그녀의 꽃을 돌본다. 그녀의 정성 어린 보살핌 덕에, 일 년 사계절, 정원에는 형형색색의 꽃이 가득 피어 있다. 그러나 어느 날 아침 깨어나 보니, 정원이 엉망진창이 되어 있었고, 많은 꽃이 땅에 넘어져버린 것을 발견하였다. 이것이 어찌된 일일까?

3. 리치앙은 일을 대충대충 하고 자주 이것저것 빠뜨린다. 이전에는 항상 완전무결한 사람은 없고 이것저것 빠뜨리는 것이 큰 문제는 아니라고 생각하였다. 그러나, 최근에 몇 번 연이어서 실수를 하였고, 어제는 놀랍게도 회사의 중요한 문서를 택시에 두고 내려 버렸다. 리치앙은 모든 방법을 동원해서 겨우 문서를 찾았고, 비록 심각한 결과를 초래하지는 않았지만, 이 일은 마침내 그가 이것저것 잘 빠뜨리는 버릇을 고쳐야겠다는 결심을 하게 하였다.
(1) 리치앙은 어떤 특징이 있습니까?
(2) 리치앙은 이전에 왜 자신의 나쁜 버릇을 고치려고 하지 않았습니까?
(3) 최근에 리치앙에게 무슨 일이 일어났습니까?
(4) 리치앙은 왜 자신의 나쁜 버릇을 고치겠다고 결심하였습니까?

제2과

Ⅰ. 성어 뜻과 쓰임 익히기

1. 讨价还价

① 그는 지금까지 물건을 살 때 값을 흥정해 본 적이 없는데, 겨우 몇 원 때문에 값을 흥정하는 것은 너무 체면을 구긴다고 생각한다.
② 몇 차례 흥정을 한 후, 그녀는 결국 원가에서 40% 할인된 가격으로 그 옷을 샀다.
③ 이번 회의는 협상을 진행하는 과정이었으며, 결국 양측은 협력조건에 대해 합의를 했다.
④ 반드시 오늘 이 문장을 모두 써서, 오후 5시 이전에 제게 주셔야 하며, 흥정의 여지는 없습니다.

2. 物美价廉

① 이 시장의 상품은 물건이 좋고 값도 싸기 때문에, 적지 않은 사람들이 주말에 먼 곳에서 와서 물건을 삽니다.
② 어머니는 자주 슈퍼마켓 광고를 본 후, 할인을 할 때 질 좋고 값싼 생활용품을 많이 사 오신다.
③ 그는 지금 돈이 매우 많지만, 질 좋고 값싼 물건을 선호하는 소비습관은 결코 변하지 않았고, 사치품을 사는 경우는 매우 드물다.

3. 供不应求

① 이 가게의 케익은 다른 가게보다 다소 비싸지만, 재료가 좋고 맛도 좋기 때문에, 항상 공급이 달린다.
② 지난 몇 년간, 경제가 급속도로 발전하였기 때문에, MBA 졸업생들이 부족하다.
③ 이 상표의 휴대폰은 전 세계 젊은이들에게 인기가 있기 때문에, 공급물량이 부족한 상황까지 나타났다.

4. 东张西望

① 아이는 디즈니랜드에 처음 왔기 때문에, 문에 들어서자마자 이리저리 두리번거렸고, 모든 것에 호기심이 충만했다.
② 두 사람은 이리저리 두리번거리며 상점에서 걸어 나왔고, 표정이 긴장되어 있었기 때문에 경찰의 주의를 끌었다.
③ 영화관 입구에 서서 이리저리 두리번거리고 있는 그 소녀는 매우 조급해 보이는데, 틀림없이 약속한 사람이 늦게 도착한 것 같다.

확인하기 Ⅰ

2. (1) 사방을 두리번거리다.
(2) 공급이 수요를 충족시킬 수 없다.
(3) 상품의 가격이 저렴하고, 품질도 좋다.
(4) 협상 진행 중에 반복적으로 논쟁하거나, 혹은 임무를 받아들일 때 각종 조건을 내세우는 것을 비유함.

3. (1) 그 사람이 물품 진열대 앞에서 왔다 갔다 하고, 가끔씩 사방을 두리번거리니, 매우 의심스럽다.
   (2) 모든 공부와 연습은 너 자신의 미래를 위한 것이지, 선생님을 위한 것이 아닌데, 너는 왜 선생님과 흥정을 하려는 거니?
   (3) 그는 중국에서 1년 동안 유학을 하였는데, 귀국 전에 가격이 저렴하고 품질도 좋은 전통적인 선물을 좀 사서 돌아가 친지와 친구에게 선물할 계획이다.
   (4) 생활 수준이 향상되고 여행업이 발전함에 따라, 명절과 휴일이 되면, 중·고급 호텔의 객실은 모두 공급이 수요를 충족시키지 못한다.
   (5) 그녀에게 있어, 야채를 살 때 흥정을 하는 것은 일종의 즐거움이지, 결코 돈 몇 원을 아끼기 위한 것이 아니다.

Ⅱ. 성어 뜻과 쓰임 익히기

5. 见多识广

① 비록 일곱 여덟 시간 기차를 타야 하지만, 같이 가는 몇 명이 모두 박학다식한 사람들이기 때문에, 여정은 결코 지루하지 않다.

② 그녀는 어려서부터 부모님을 따라 세계 각국을 여행하면서 식견을 넓혔기 때문에, 문화 교류 관련 업무에 종사하기로 결심하였다.

③ 그는 대도시 출신이고, 스스로 박학다식하다고 생각하기 때문에, 자주 작은 지역 출신의 친구들을 비웃는다.

6. 想方设法

① 만일 당신이 돈이 필요하다면, 반드시 여러 방법을 다해 벌어야지, 빌리는 것이 아니다.

② 우리는 모든 방법을 다해 국내에서 가장 훌륭한 외과 의사를 섭외하였습니다. 가능한 한 빨리 당신에게 수술을 하도록 하겠습니다.

③ 그가 좀 더 자신감을 가질 수 있도록, 우리는 항상 모든 방법을 다해 그를 칭찬하고 격려한다.

7. 咬牙切齿

① 나는 아주 장난이 심하지만, 아버지께서 가끔 몹시 화를 내실 때는 있을지라도, 손으로 나를 때리신 적은 없습니다.

② 그는 이를 갈며 나에게 한바탕 욕설을 퍼붓고 나서 안정된 후에야, 비로소 해결 방법을 상의하기 시작하였다.

③ 그는 나를 가리키고, 이를 갈며 '꺼져버려! 나는 일평생 다시는 너를 보고 싶지 않아!'라고 말했다.

④ 그의 화난 모습을 보니, 언제든지 달려들어 나를 한 바탕 때릴까봐 정말로 걱정된다.

8. 无可奈何

① 그가 학교를 그만두고 창업을 하자, 부모님은 찬성하지 않으셨지만, 방법이 없었다.

② 이러한 불공정한 결과에 직면하여, 어떤 사람들은 노발대발하였지만, 그는 오히려 어쩔 수 없는 듯 보였다.

③ 의사가 아무리 설득을 해도, 그가 입원하려 하지 않자, 의사는 어쩔 수 없이 약을 처방해 주었다.

④ 우리는 해야 할 노력을 모두 했으니, 그래도 최후에 실패한다면, 그것도 어쩔 수 없는 일이다.

9. 众所周知

① 모든 사람이 알고 있는 것처럼, 중국의 많은 제품들은 품질이 좋고 가격이 저렴한 것으로 이름이 나있다.

② 이 상황은 모두가 주지하고 있으니, 당신은 말씀하실 필요 없고, 당신이 오늘 온 목적을 바로 말씀하십시오.

③ 이미 귀족 계층이 폐지되었지만, 누구 집이 상류사회에 속하는지는 여전히 모두가 알고 있는 일입니다.

확인하기 Ⅱ

2. (1) 방법이 없다.
   (2) 모든 사람이 다 안다.
   (3) 몹시 증오하고 혐오하다.
   (4) 박식하고 경험이 많다.
   (5) 적극적으로 머리를 써서 온갖 방법을 다 생각하다.

3. (1) 모두가 알고 있는 것처럼, 흡연은 건강을 해치는데, 왜 아직도 그렇게 많은 사람들이 담배를 피우는 걸까?
   (2) 그와 천홍은 도대체 어떤 갈등이 있는 걸까? 천홍 이야기만 하면, 그는 이를 부득부득 갈며 미워한다.
   (3) 사무실에 있는 열 몇 사람 가운데 왕 씨가 가장 박학다식하다고 할 수 있기 때문에, 일이 생기면, 모두들 왕 씨의 의견을 들으려고 한다.
   (4) 이 활동은 매우 의미가 있으니, 우리는 온갖 방법으로 모든 학생들이 이번 활동에 참여하도록 동원해야 한다.
   (5) 한참 동안이나 설득을 해도 효과가 없자, 그는 어쩔 수 없다는 듯이 '너희들 하고 싶은 대로 해라.'라고 말하였다.
   (6) 생활에서는 늘 당신이 어쩔 수 없는 일들이 있기 마련인데, 당신은 어쩔 수 없이 이 현실을 받아들일 수밖에 없다.

실력향상을 위한 종합연습

1. (1) 당신은 1년 동안 경찰을 했는데, 지금은 여러 사람들 속에서 어떤 사람이 도둑인지 단번에 알아볼 수 있습니까?
   (2) 이 뮤지컬은 매우 훌륭해서, 나는 벌써부터 보러 가고 싶었다. 그러나 너무나 인기가 많아서 표를 사기 어렵다.
   (3) 어제 집에 돌아가서 당신이 아버지께 학교에 다니고 싶지 않다고 말씀드리니, 어떤 반응이었습니까?
   (4) 그는 보기에는 평범하고, 뭔가 특별한 것도 없는데, 당신은 왜 항상 그를 찾아가는 걸 좋아합니까?

2. 이곳은 매우 번화한 상업지역이지만, 공급이 수요를 따르지 못하고 있고, 이 지역 사람들이 물건을 살 때 제일 좋아하는 곳은 여전히 동문시장이다. 그곳은 물품이 완비되어 있을 뿐만 아니라, 가격 또한 저렴하고 품질도 좋다. 시간이 있고 흥정할 기분이 되면, 노점상과 흥정을 할 수도 있어서, 물건을 구매하는 즐거움을 충분히 누릴 수 있다.

3. 나는 뜻밖에도 새로 문을 연 공예품 가게를 발견하였다. 가게의 모든 공예품은 점주가 직접 설계하고 직접 제작한 것인데, 많은 문양은 없어서 못 판다고 한다. 나는 여러 곳을 가보았기 때문에 보고 들은 것이 많고 식견도 넓은 셈이지만, 여전히 점주의 독특한 설계와 풍격에는 탄성을 자아냈다. 나는 여러 개가 마음에 들었지만, 이러한 공예품이 결코 가격이 저렴하면서 품질도 좋은 그런 종류의 물건이 아니었고, 점주도 흥정을 받아들이지 않아서 어쩔 수 없었다. 그래도 마지막에 세 개를 샀다.
   (1) 이 공예품 가게의 장사는 잘 됩니까? 무엇 때문입니까?
   (2) 문장에서 어떻게 이 가게의 물건이 확실히 매우 특별하다는 것을 알 수 있습니까?
   (3) 왜 '나'는 공예품을 세 개만 샀습니까?

제3과

Ⅰ. 성어 뜻과 쓰임 익히기

1. 风土人情

① 그녀는 편지를 해서 도착했다고만 말하고, 그곳의 일부 특색과 풍속에 대해 썼을 뿐, 그녀 자신의 근황에 대해서는 이야기하지 않았다.
② 이러한 사교적 장소는 깊은 이야기를 나누기에는 적합하지 않고, 다만 각지의 풍토와 인심 등에 관해 몇 마디 이야기하는 것이 적합하다.
③ 그는 박학다식한 사람이라서, 각국의 특색과 풍습에 대해 매우 익숙하다.

2. 名胜古迹

① 서호는 단순히 한 개의 호수 일뿐만 아니라, 그곳의 주위에는 많은 명승고적이 있다.
② 북경의 유명한 명승고적은 만리장성, 고궁, 천단 등이 있는데, 모두 가볼 만하다.
③ 춘절 기간에, 온 가족이 함께 여행을 가고, 명승고적을 유람하는 것이 이미 명절을 지내는 새로운 방식이 되었다.

3. 飞禽走兽

① 밤새 많은 눈이 내려, 아침에 일어나니 밖은 온통 새하얗고, 새나 짐승들이 하나도 보이지 않았다.
② 이 책은 이 자연보호 구역의 각종 조수와 진귀한 화초에 대해 상세히 소개하였다.
③ 이 산은 기암괴석으로 이름이 나있는데, 산의 돌은 형태가 각기 달라서, 사람 같은 것도 있고, 조수 같은 것도 있다.

4. 悬崖峭壁

① 사방이 모두 높은 산이고, 양쪽은 깎아지른 듯한 절벽이어서, 갈 수 있는 다른 길은 없고 계속해서 앞으로 나아갈 수밖에 없다.

② 이러한 약초는 깎아지른 듯한 절벽에서만 자라서, 생산량이 적고 채취하기가 위험하기 때문에, 값이 매우 비싸다.

③ 그들의 취미는 절벽을 타고 오르는 것인데, 매년 세계 다른 지역의 깎아지른 듯한 절벽에 도전하러 갈 것이다

5. 波涛汹涌

① 파도가 용솟음치는 바다에서 항해할 때, 필요한 것은 기술뿐만이 아니라, 용기도 필요하다.

② 그는 결혼을 해서 자신의 가정을 갖기를 바란다. 설령 바깥세상은 파도가 거세게 치더라도 집에 돌아오면 오히려 평온하다.

③ 그는 지금 마음속으로는 매우 감격해서 마치 파도가 거세게 치는 것 같지만, 얼굴에는 털끝만큼도 표현할 수 없다.

확인하기 I

2. (1) 각종 날짐승과 길짐승.
   (2) 산세가 험준하다.
   (3) 물결이 거세고 세차게 흐르다.
   (4) 한 지방의 특별한 자연환경과 풍습.
   (5) 풍경이 아름답거나 고대 유적이 있는 유명한 곳.

3. (1) 그는 강가에 서서 물결이 거세게 흐르는 강물을 바라보자 마음이 점점 안정되었다.
   (2) 회의가 끝난 후, 주최 측은 회의에 참석한 대표자들이 이 지역의 명승고적을 유람하는 일정을 준비하였다.
   (3) 산 중턱에 서서 위를 향해 바라보니, 나도 모르게 옛 사람들은 어떻게 이렇게 깎아지른 듯한 절벽에 길을 뚫을 수 있었을까 하는 호기심이 생겼다.
   (4) 그는 솜씨가 좋아서, 가늘고 부드러운 풀을 가지고 각종 짐승 모양을 만들어낼 수 있는데 모두가 진짜와 똑같다.
   (5) 20시간에 달하는 이 다큐멘터리 영화는 중국의 환경과 풍속, 생활방식과 경제발전을 충분히 표현했다.
   (6) 바다는 매혹적이고 변화무쌍한데, 한 순간 파도는 평온하지만, 다음 순간에는 오히려 파도가 세차게 용솟음치기도 한다.

Ⅱ. 성어 뜻과 쓰임 익히기

6. 得天独厚

① 이곳에는 산도 있고 물도 있고, 여행 자원이 특히 훌륭하기 때문에, 당연히 여행업을 대대적으로 발전시켜야 한다.

② 당신은 그의 성공을 그가 여러 방면에서 보이는 우월한 조건으로만 보면 안 되며, 그는 사실 보통 사람보다 훨씬 더 노력한다.

③ 두세 살 때, 부모님께서는 그가 회화 분야에 우월한 재능을 가지고 있고 하루의 활동을 붓으로 그려내는 것을 좋아한다는 것을 발견하셨다.

7. 丰富多彩

① 사회 분위기가 편안하고 자유로우면, 예술 형식과 내용은 자연스럽게 풍부하고 다채로워진다.

② 유학 기간 동안, 그는 적극적으로 각종 활동에 참여하였기에, 풍부하고 다채롭게 생활하였다.

③ 그는 오랫동안 준비하여 풍부하고 다양한 프로그램을 연출했고, 관중들의 열렬한 박수를 받았다.

8. 举世闻名

① 프랑스 와인은 세상에 널리 유명하니, 여행을 가면 마시는 것을 좋아하든 좋아하지 않든 관계없이 맛봐야 한다.

② 그는 이미 전 세계 사람들이 모두 아는 유명한 과학자이지만 여전히 매일 7시면 실험실에 가서 일을 한다.

③ 만일 당신이 널리 유명해지기를 바란다면, 갑절의 노력을 해야 할 뿐만 아니라, 또한 행운도 좀 필요하다.

9. 络绎不绝

① 이 의사의 의술은 널리 이름이 나 있기 때문에, 매일 진료소에 진찰을 받으러 오는 환자들의 발길이 끊이질 않는다.

② 이른 새벽부터, 차량이 끊이지 않고 주차장 안으로 들어가서, 금방 모든 자리가 다 차 버렸다.

③ 비록 이 식당에서 먹어 본 적이 없었지만, 발길이 끊이지 않는 고객들은 나의 선택이 결코 틀리지 않음을 증명하였다.

확인하기 II

2. (1) 내용이 풍부하고, 종류가 다양하다.
   (2) 명성이 대단히 커서 전 세계 사람들이 모두 안다.
   (3) 수레, 배, 사람, 말 등의 왕래가 이어져 끊이지 않다.
   (4) 하늘의 보살핌을 입어, 특별히 우월한 자연조건을 갖추다.

3. (1) 북경에 가서, 대단한 명성으로 전 세계 사람들이 모두 알고 있는 만리장성과 고궁을 어떻게 참관하지 않을 수 있습니까?
   (2) 이곳은 특별히 훌륭한 자연경관과 인문경관을 갖추고 있으니, 당신은 꼭 한 번 가봐야 합니다.
   (3) 이번에 전시하는 것은 모두 이탈리아에서 운반해 온 최고급품이라 그런지 매일 전국 각지에서 참관하러 오는 애호가들의 발길이 끊이지 않는다.
   (4) 이 호텔의 위치는 특히 훌륭한 조건을 갖추고 있는데, 근처가 상가지역으로, 쇼핑, 교통, 식사가 모두 편리하고, 동시에 매우 조용하다.
   (5) 세계화가 진행되는 오늘날, 우리는 더욱 자국의 풍부하고 다양한 전통 명절 풍습을 중시하고 보호해야 한다.

실력향상을 위한 종합연습

1. (1) 곧 여름방학인데 무슨 계획을 갖고 있습니까?
   (2) 올 한 해에만 네 개 나라를 여행했는데, 당신은 왜 그렇게 여행하는 것을 좋아합니까?
   (3) 이번 음악제에 20여개 국가의 음악대가 참가한다고 들었습니다.
   (4) 오늘은 12월 31일이기 때문에, 상점의 할인율이 연중 가장 낮습니다.

2. 이곳의 자연 조건은 특별히 훌륭해서, 지금까지도 여전히 드넓은 원시삼림을 보존하고 있다. 빽빽이 무성한 삼림에 들어가면, 자주 각종 날짐승과 들짐승을 볼 수 있는데, 그것들은 사람을 무서워하지 않고, 자유자재로 활동하고 있다. 숲에는 풍부하고 다양한 식물이 있는데, 우리들이 책에서만 본 것들이 많다.

3. 나는 탐험을 좋아한다. 비록 명성이 대단히 커서 전 세계 사람들이 모두 알고 풍경이 아름다운 유람지가 매우 많고, 매일 끊이지 않고 관광객의 발길을 유혹하고 있지만, 나에게 가장 매력적인 곳은 오히려 더 이상 갈 곳이 없는 깎아지른 듯한 절벽, 파도가 용솟음치는 바다, 인적이 드문 그런 사막이다. 탐험은 나에게 자연계의 위대함을 알게 하였을 뿐만 아니라, 또한 점점 더 깊게 나를 이해할 수 있게 하였다.
   (1) 보통의 관광객은 어떤 곳에 가는 것을 좋아합니까?
   (2) '나'는 어떤 곳에 가기를 더 원합니까?
   (3) '나'에게 탐험은 어떤 의미가 있습니까?

제4과

Ⅰ. 성어 뜻과 쓰임 익히기

1. 日新月异

① 과학기술의 발전은 나날이 다달이 새로워지고 변화하기 때문에, 만일 꾸준히 공부하지 않으면 바로 낙오될 것이다.

② 그의 창작은 시종일관 현실을 기초로 하여, 즉시 나날이 새로워지고 변화하는 치열한 생활을 그려낸다.

③ 현재의 전자제품은 몇 달 만에 곧 새로운 세대의 제품을 출시하는데, 신 사물과 신 기상이 끊임없이 출현한다고 할 만하다.

2. 层出不穷

① 이 시대에, 스타는 끊임없이 출현하지만, 진정한 예술가는 오히려 몇 명 없다.

② 나는 그가 어떤 신기한 머리를 가지고 있는지 상상조차 할 수 없는데, 그의 새로운 아이디어는 항상 꼬리에 꼬리를 물고 나타난다.

③ 창업 초기에, 끊임없이 나타난 어려움도 그를 무너뜨리지 못했는데, 회사가 이미 강대해진 오늘날이야 더 말할 나위도 없다.

3. 欣欣向荣

① 봄의 초원은 가장 아름다운데, 도처의 꽃과 풀이 모두 무성하고, 작은 동물들은 쉬지 않고 내달린다.

② 개혁이 단계적으로 심화됨에 따라서, 교육, 과학기술, 문화, 체육 등 각 사업은 모두 활기에 차 발전하기 시작하였다.

③ 개방적이고 안정적이고 나날이 번영하는 사회는 인재에게 매우 매력적이다.

④ 귀국하여 방문하였을 때, 그는 도시나 농촌을 막론하고, 곳곳이 모두 온통 번영하는 모습인 것을 보았다.

4. 川流不息

① 이 길은 차량들로 북적이므로, 이렇게 어린 아이를 길가에서 놀게 둬서는 안 됩니다. 너무 위험합니다.

② 광장 중앙에 서니, 주위는 온통 끊이지 않는 인파이지만, 나는 오히려 쓸쓸하게 느껴진다.

③ 성탄절이 다가오자, 고객들이 끊임없이 들고나며 친지와 친구들을 위해 선물을 고른다.

확인하기 I

2. (1) 끊임없이 나타나서 끝이 없다.
   (2) 변화와 발전이 매우 빨라서 신 사물과 신 기상이 끊임없이 출현하다.
   (3) 초목이 무성하게 자라다. 또는 사업이 줄기차게 발전하고 왕성하게 번영하는 것을 비유하기도 함.
   (4) 강물처럼 그렇게 쉴 새 없이 흐르다. 왕래하는 사람 혹은 차량, 배가 매우 많음을 비유함.

3. (1) 사람들이 끝이 없이 서둘러 체육관으로 가는 것을 보니, 이 경기가 얼마나 중요한 지 알 수 있다.
   (2) 지난 세기 80년대의 문학 사업은 왕성하고 번성하였다고 말할 수 있는데, 매우 영향력이 있는 작가와 작품이 다수 나왔다.
   (3) 이 몇 년 동안 경제가 빠른 속도로 발전하고 도시 건설이 가속화하였기 때문에, 겨우 2년 돌아오지 않았을 뿐인데 놀랍게도 벌써 이 길을 잘 모르겠다.
   (4) 이것은 매우 복잡한 실험이기 때문에, 때가 되면 크고 작은 문제들이 분명히 끊이지 않을 것이니, 당신들은 충분한 준비를 해야 합니다.
   (5) 이런 종류의 식물은 건조한 땅에 잘 적응하고 습한 땅에는 적응하지 못하므로, 물을 너무 자주 주면 죽어버릴 것이고 물을 적게 주면 오히려 무성하게 자랄 것이다.

Ⅱ. 성어 뜻과 쓰임 익히기

5. 举世瞩目

① 이번 회의는 세계의 이목이 집중된 터라, 우리는 1년 전부터 미리 준비를 시작하였기 때문에, 최종적으로 이렇게 순조롭고 원만하였다.

② 노벨상은 세계 사람들이 주목하기 때문에, 매년 전 세계의 신문 매체들은 모두 상세한 보도를 할 것이다.

③ 그는 작년에 세계 사람들이 주목하는 차이콥스키 피아노 대회에 참가하여 1위를 차지하였다.
④ 20여 년간의 노력 끝에, 그들은 환경보호 방면에서 온 세상 사람이 모두 주목할 만한 성과를 거두었다.

6. 自力更生
① 18세 이후에, 그는 자력갱생하여 부모님께 한 푼도 요구한 적이 없다.
② 우리는 외부의 힘에 의존하지 않고 자력으로 농업 기술을 발전시켜 식량 문제를 해결해야 하며, 수입에 의존해서는 안 된다.
③ 학습할 수 있는 경험이 없는 상황에서, 우리는 자력갱생의 정신을 발양하여 일련의 효과적인 훈련 양식을 만들어냈다.

7. 安居乐业
① 이 도시는 크지 않지만, 치안이 양호하고, 사람들은 안정된 생활을 누리며 즐겁게 일하기 때문에 생활하기에 매우 적합하다.
② 우리는 각종 제도를 끊임없이 완벽하게 하여, 국민을 위한 안락한 환경을 만들어내야 한다.
③ 정부는 반드시 농민의 생활과 수입을 보장해야 한다. 농민의 안락과 행복이 없이는 사회의 안정도 없다.

8. 知足常乐
① 쾌락과 돈 사이에는 필연적인 관계가 없다. 어떤 사람은 부유하지 않지만 오히려 만족하며 항상 즐겁고, 어떤 사람은 돈이 있지만 결코 즐겁지 않다.
② 장수의 원인에 대해 말할 때, 노인이 가장 중요하다고 생각하는 것은 만족할 줄 아는 것과 심리 상태가 평화로운 것이다.
③ 나와 아내는 모두 현재에 만족할 줄 아는 사람이라서, 출근하지 않을 때는 함께 책을 읽거나 음악을 들으며 생활이 매우 행복하다고 느낀다.

9. 与日俱增
① 경쟁 압박이 갈수록 커지면서 장사를 하기 어려워지므로, 우리는 반드시 서비스의 질을 향상시키도록 노력해야 한다.
② 퇴직 후에 서예에 대한 그의 흥미는 날로 깊어졌고, 내년에는 서예 선생님 한 분을 찾아서 열심히 좀 배워볼 생각이다.
③ 날이 갈수록 늘어가는 유학생을 고려해서, 학교 측은 전문 사무실을 설치하고 유학생에게 도움을 제공하기로 결정하였다.

확인하기 Ⅱ

2. (1) 온 세상 사람이 모두 주목하다.
(2) 외부의 힘에 의존하지 않고, 자신의 역량으로 떨쳐 일어나다.
(3) 만족함을 알면 항상 즐겁다.
(4) 안정된 생활을 누리며 즐겁게 자신의 일에 종사하다. 국민의 생활이 안락하고 행복하다.
(5) 시간이 지나면서 하루하루 증가하다. 끊임없이 증가하거나 혹은 증가 속도가 매우 빠르다.

3. (1) 반드시 외부의 힘에 의존하지 않고 자력으로 문제를 해결해내는 것을 배워야 하며, 문제만 생기면 다른 사람에게 도움을 청해서는 안 된다.
(2) 젊은이들은 반드시 끊임없이 자신의 꿈을 위해 분투해야 하며, 만족하고 늘 즐거운 것이 꼭 좋은 일만은 아니다.
(3) 이 평범한 마을은, 온 세상 사람이 모두 주목하는 그 역사적 사건과 연결되었기 때문에 이름이 났다.
(4) 개인 차량의 수량이 날로 늘어나서, 관련 관리부서는 할 수 없이 온갖 방법을 동원해 주차장 자리를 늘리고 있다.
(5) 수년 동안, 이 연구단은 수차례의 실험을 진행하였고, 마침내 온 세상 사람이 주목할 만한 진전을 이루어냈다.
(6) 어느 나라의 지도자이든, 가장 보고 싶어 하는 것은 모두 자신의 국가가 안정되고, 국민들이 안정된 생활을 누리며 즐겁게 일하는 것이다.

실력향상을 위한 종합연습

1. (1) 여기 온 지 꽤 되었는데, 우리 이곳에 대한 인상이 어떻습니까?
(2) 공부에 대한 스트레스가 이렇게 심한데, 매일 아르바이트까지 하다니 정말 고생하는군요.
(3) 이곳에는 식당이 여러 집 있고, 이 식당이 가장 볼품없어 보이는데, 당신은 왜 이 식당을 선택했습니까?
(4) 나는 겨울을 가장 좋아하는데, 특히 눈이 내린 후에는 온통 세상이 새하얀 눈으로 뒤덮여서 너무나 예쁩니다. 당신은요?

2. 친구인 왕징은 희귀한 병에 걸려서, 현재는 효과적인 치료방법이 없습니다. 우리들은 그녀를 위로하려고 방문하였는데, 그녀는 오히려 우리를 위로하며, 현재의 과학은 나날이 발전하고 있고 의학적 성과도 끊임없이 나타나고 있기 때문에, 매우 빨리 치료방법을 찾을 수 있을 것이라고 믿는다고 말하였습니다. 설령 찾을 수 없다그 해도 그녀는 두렵지 않고 슬프지 않은데, 이렇게 많은 사람이 그녀에게 관심을 갖고 그녀를 사랑하고 보호하기 때문에 매우 만족한다고 했습니다. 그녀의 이야기를 듣고, 만족하고 즐거워할 수 있는 이러한 심리상태는 아마도 그녀가 질병을 이겨내는데 도움이 될 것이라고 절로 생각하게 되었습니다.

3. 나는 상해 사람입니다. 지난 세기 80년대 초, 외국에 가서 공부를 하였고 국외에 남아서 일하였습니다. 그 후 30여 년 동안, 중국의 경제는 세계가 주목할 만한 성과를 거두었습니다. 매 번 상해에 돌아오면, 나는 이 도시가 나날이 발전하는 것에 깜짝 놀랍니다. 고층 건물이 우후죽순처럼 생겨나고, 차량은 끊임없이 오가고, 상업은 번영하고, 문화 오락이 발달하고, 모든 것이 그렇게 활기에 차 발전하고 번영하는 것 같습니다. 이러한 점은 내가 귀국하겠다는 생각을 날이 갈수록 깊어지게 합니다.
(1) '내'가 보기에 80년대 이후에 중국에는 어떤 변화가 있었습니까?
(2) '나'는 고향 상해에 돌아와서 왜 놀랐습니까?
(3) 상해의 변화는 '나'에게 어떤 영향을 끼쳤습니까?

제5과

Ⅰ. 성어 뜻과 쓰임 익히기

1. 拔苗助长

① 아이들의 성장 발육은 차이가 있기 때문에, 학부모들은 벼 이삭을 잡아당겨 키우려는 식으로 급히 서두르며 아이들에게 영양 보충제를 함부로 먹여서는 안 된다.

② 설령 아무리 잠재력이 있는 신인일지라도 성장과정이 필요하므로, 만일 이미지를 포장하여 빨리 유명해지게 하려 한다면 벼 이삭을 손으로 잡아당겨서 빨리 자라게 하려는 것과 다르지 않다.

③ 유아교육의 초등교육화는 유아의 심신 특징을 소홀히 하는 것으로, 빠른 성과를 보려고 무리하게 다른 힘을 더하여 도리어 그것을 해치게 할 수 있다는 특징을 갖고 있다.

2. 急于求成

① 그가 걱정하는 것은 전체 사회가 조급하게 성공을 거두려는데 몰두하여, 마음을 가라앉히고 착실하게 일을 하려 하지 않는다는 것이다.

② 건강 회복 훈련은 반드시 의사의 지도 아래 진행되어야 하며, 절대로 조급하게 성공을 거두려 해서는 안 된다.

③ 이번 경기는 이기려고 급히 서두르다 져버렸다. 만일 속도를 좀 늦춰서 수비의 우세를 충분히 발휘했다면 지지 않았을 것이다.

④ 성급히 목표를 달성하려고 하는 당신의 이런 마음은 이해할 수 있지만, 언어를 공부하는데 있어서는 시간이 필요하며 속성으로 하기는 어렵다.

3. 急功近利

① 그는 눈앞의 성공과 이익에만 급급하여, 모두 같은 유형의 역할만을 연기하였다. 비록 유명해졌지만, 연기력은 결코 향상되지 않았다.

② 전공을 선택할 때는 자신의 능력과 흥미를 결합해야 하며, 그저 눈앞의 성공과 이익에만 급급한 나머지 돈을 많이 벌 수 있는 전공이 무엇인지 보고 그 전공을 선택해선 안 된다.

③ 시험 전에 그는 눈앞의 성적만 신경 쓰는 방법을 선택하여, 교재의 연습문제 답안만 암기할 뿐 진정으로 이해하려고 하지 않는다.

4. 得不偿失

① 그들은 기술이 성숙되지 않은 상황에서 화학공장을 건설하였다. 경제는 발전하였지만 환경은 오히려 파괴되었고, 정말로 얻은 것보다 잃은 것이 더 많다.

② 당신은 매일 밤을 새며 공부하는데 결국 몸을 망치면, 이것은 얻는 것보다 잃는 것이 더 많은 것 아닙니까?

③ 원 재료의 품질을 낮추고, 상품 가격을 낮춰서 고객을 유인하는 것은, 얻는 것보다 잃는 것이 더 많은 방법이다.

확인하기 I

2. (1) 조급하게 성공을 거두려 하다.
   (2) 얻는 것이 손실된 것을 변상할 수 없다.
   (3) 조급하게 성공을 바라고 눈앞의 이익만을 탐하다.
   (4) 일을 급하게 이루기 위해서 사물의 객관적인 규율을 위반함으로써 결과적으로 무익할 뿐만 아니라 도리어 해가 되다.

3. (1) 적절한 나이에 적합한 지식을 학습해야 한다. 천재는 그렇게 많지 않으므로, 부모는 절대로 벼 이삭을 잡아당겨 키우려는 식으로 급히 서둘러서는 안 된다.
   (2) 선생님은 그가 급히 성공을 거두려고 해서, 그에게 약식 태극권을 가르칠 수밖에 없었고, 대략 한 달 만에 배울 수 있었다고 말씀하셨다.
   (3) 그가 노래를 쓰는 목적은 유명해지기 위해서이기 때문에, 유행하는 게 있으면 그것을 쓴다. 조급하게 성공을 바라고 눈앞의 이익만을 탐하는 이런 태도로 창작을 해서 무슨 좋은 작품을 쓸 수 있을까?
   (4) 세탁기가 고장 나면 수리하지 마십시오. 간단히 수리하는데도 몇 백 원이 들고, 얼마 쓰지 못하고 또 고장이 날수도 있으니, 얻는 것보다 잃는 것이 더 많을 것이므로, 새 것을 하나 사는 게 더 낫겠습니다.
   (5) 사업을 이제 막 시작했으니, 천천히 하십시오. 조급하게 성공을 거두려 하지 말고, 목표를 너무 높게 세울 필요도 없습니다.

Ⅱ. 성어 뜻과 쓰임 익히기

5. 聚精会神

① 그는 길거리 공연 보는 것을 매우 좋아하는데, 그곳에 서서 정신이 팔리다 보면 한참을 보게 된다.
② 그의 지능에는 문제가 없고, 그의 큰 문제는 주의력이 분산되어 공부에 집중할 수 없다는 것이다.
③ 매 번 강좌가 있으면, 문학에 관한 것이든 역사에 관한 것이든 그는 모두 주의력을 집중해서 듣는다.
④ 아이들이 주의력을 집중해서 듣는 표정에서 이 선생님의 강의가 매우 훌륭함을 알 수 있다.

6. 津津有味

① 노인은 건강이 좋고 식욕도 나쁘지 않아서 음식을 아주 맛있게 먹는다.
② 우리들이 읽기에 무미건조한 그런 고전저작물을 그는 매우 흥미진진하게 읽는다.
③ 그는 아주 맛있게 뼈다귀 한 개를 뜯어 먹고 있는데, 그것이 마치 세상에서 가장 맛있는 음식인 듯하다.
④ 그는 입에서 나오는 대로 지은 이런 이야기들을 아이들이 흥미진진하게 듣는 것을 발견하였기 때문에, 이 이야기들을 써보려고 생각하고 있다.

7. 朝气蓬勃

① 너희 젊은이들은 청춘의 생기가 충만하여 마치 아침 8,9시 때의 태양과 같기 때문에, 세상이 바

로 너희들 것이다.

② 앞에 몇 명의 중·고등학생이 웃고 떠들어 대면서 생기발랄하게 걸어오고 있다.

③ 옷을 늘 검정색이나 회색만 입지 마라. 너무 노티 난다. 봐라, 이 붉은 색 옷을 입으니 바로 생기가 넘쳐흐르지 않느냐?

④ 매일 생기발랄한 아이들과 함께 있으니, 나는 여태껏 내가 늙었다고 생각해 본 적이 없다.

8. 争先恐后

① 이것은 모두가 관심을 갖는 문제이기 때문에, 모두들 아주 빨리 앞다투어 열렬하게 토론하기 시작했다.

② 강연이 끝난 후, 청중들은 앞다투어 강단으로 모여들어, 사인을 요청하고 사진을 함께 찍으려고 하였다.

③ 아이들은 호기심이 많아서, 선생님이 멈추자, 각양각색의 문제를 경쟁이라도 하듯이 앞다투어 제기하였다.

9. 无精打采

① 그는 평소 성격이 명랑하고 활발한데, 요즘 의기소침한 것이 무슨 일이 있었는지 모르겠다.

② 시험을 잘 못 봤지만, 이미 다른 방법이 없었기 때문에, 그는 할 수 없이 의기소침해서 집으로 갔다.

③ 어쩌면 기분이 좋지 않아서인지, 어쩌면 너무 피곤해서인지, 그는 오늘 피아노 치는 데 흥이 나지 않았다.

④ 내가 풀이 죽은 모습을 보고, 그는 웃으면서 내 어깨를 가볍게 쳤고, '앞으로 기회가 있을 겁니다. 기운내세요!'라고 말하였다.

확인하기 II

2. (1) 정신을 고도로 집중하다.
 (2) 다투어 앞으로 향하고 낙오될까봐 두려워하다.
 (3) 활기가 없고, 기운을 내지 못하다.
 (4) 흥미가 짙거나 매우 맛있는 모양.
 (5) 생기가 넘치고 청춘의 활기가 충만하다.

3. (1) 그들 두 사람은 흥미진진하게 어린 시절의 재미있었던 일을 회상하고 있었지만, 나는 오히려 무료하여 줄곧 졸기만 하였다.
 (2) 청춘의 활기가 충만한 대학 교정에서 한 바퀴를 걸었더니, 그는 자신이 젊어진 것처럼 느껴졌다.
 (3) 내가 들어갔을 때, 그는 마침 책상 앞에 앉아서 주의력을 집중하고 책 한 권을 읽고 있었다.
 (4) 지금은 군대에 가려는 젊은이들이 많지 않지만, 우리들이 젊었을 때는, 모두 앞다투어 군대에 갔다.
 (5) 이 반의 학생들은 모두 운동을 좋아해서, 매 번 학교에서 운동회를 개최하면 모두들 앞다투어 지원한다.

(6) 이것은 야생 호랑이라서, 동물원에 있는 호랑이처럼 그렇게 맥이 풀려 있지 않으며, 그들은 진정한 숲 속의 왕이다.

실력향상을 위한 종합연습

1. (1) 이 디자이너는 실력이 있는데, 왜 열심히 창작을 하지 않고 다른 사람의 작품을 베끼는 걸까요?
   (2) 최근에 새로운 다이어트 약이 한 종류 나왔고, 1주일에 4,5kg을 뺄 수 있다고들 하니, 나도 한 번 시도해 보고 싶습니다.
   (3) 그 회사가 당신에게 해주는 대우는 나쁘지 않는데, 당신은 왜 이 신생의 작은 회사에 머무르려고 합니까?
   (4) 이번 달에는 판매 실적이 좋지 않아서, 모든 사람들의 상여금이 취소되었다고 사장님이 말하였습니다.

2. 지난 주에 나는 한 초등학교를 참관하였고, 한 시간의 수업을 청강하였다. 그 젊은 여선생님의 수업은 생동감 있고 활기에 찼고, 분명하고 알기 쉬웠다. 아이들은 매우 흥미진진하게 들을 뿐만 아니라, 앞다투어 질문을 하는 등 반 전체가 생기가 넘쳐흐르는 인상을 주었다.

3. 우리는 내년에 졸업하게 된다. 직업을 찾는 일에 대해 이야기를 나누다 보니, 어떤 친구들은 안정된 직업을 찾아 자립을 해서 부모님께 의존하지 않기를 희망한다. 어떤 친구들은 자신이 창업을 해서, 2,3년 내에 자기 회사를 가질 수 있기를 희망한다. 또 일부 친구들은 홀가분하고 돈도 많이 버는 직업을 찾기를 희망한다. 두 번째 부류의 친구들은, 그들이 조급하게 성공을 거두려고만 하지 않고, 성실하게 열심히 노력하고 운이 더해진다면 반드시 성공할 수 있을 것이라고 나는 믿는다. 세 번째 부류의 친구들에 대해서는, 그들이 가능한 한 빨리 성공을 바라고 눈앞의 이익만을 탐하는 이런 생각을 버리기를 바라며, 그렇지 않으면 몇 년 후에 결과적으로 얻은 것보다 잃은 것이 더 많은 것을 발견하게 될 것이다.
   (1) 직업을 찾는 이 일에 있어서, '나'의 친구들은 어떤 몇 부류로 나눌 수 있습니까?
   (2) 두 번째 부류의 친구들에 대해서, '나'는 무슨 의견을 가지고 있습니까?
   (3) 세 번째 부류의 친구들에 대해서, '나'의 견해는 무엇입니까?

제6과

Ⅰ. 성어 뜻과 쓰임 익히기

1. 滔滔不绝

① 그는 평소에는 말이 많지 않지만, 자기 전공에 대한 이야기를 시작하면 쉬지 않고 이야기한다.
② 그는 쉬지 않고 끊임없이 자신이 얼마나 성공했는지 말하느라, 다른 사람들이 성가셔하는 표정에 전혀 주의를 기울이지 않았다.
③ 혼자서만 줄기차게 말하는 이런 강연을 듣는 걸 좋아하는 사람은 없으므로, 반드시 청중과 많은

교류를 해야 한다.

2. 斩钉截铁

① 그녀의 표정은 여전히 부드러웠지만, 하는 말은 오히려 단호했고, 강경하게 헤어지려고 하였다.

② 어떤 사람이든지, 무슨 구실로 마약을 복용해 보라고 권하든지, 단호하게 거절해야 한다.

③ 그는 단호한 말투로 '내가 네 형인데, 내가 너를 돕지 않으면 누가 너를 돕겠니? 돈을 받아라.'라고 말하였다.

④ '가겠습니다.' 그는 말은 단호하게 했지만, 마음속의 고통은 누가 이해할 수 있겠는가?

3. 各抒己见

① 회의에서 각자 자신의 입장에서 출발하여, 충분히 자신의 의견을 발표하였고, 마지막에는 대체로 세 가지 견해를 형성하였다.

② 이 일은 누구도 경험이 없기 때문에, 각자가 충분히 자신의 의견을 발표하고, 함께 해결 방법을 찾아야 한다.

③ 이것은 진정으로 각자가 자신의 의견을 발표하는 토론회였고, 우리들은 다른 배경과 다른 연령대 사람들의 이 문제에 대한 의견을 이해하게 되었다.

4. 理直气壮

① 이 일에 있어서 내가 원칙을 고수하는 것은 잘못한 것이 아니다. 설령 선생님 앞에 가서 말한다 하더라도 나는 떳떳하다.

② 그는 돈을 빌릴 때 한 달 후에 갚는다고 말하였다. 지금 두 달이 지났기 때문에, 나는 당연히 당당하게 돈을 갚으라고 요구할 수 있다.

③ 그는 매일 나쁜 일을 하고도 당당하고 떳떳하다. 어떻게 이런 사람이 있을 수 있는지 정말 이해하기 어렵다.

확인하기 I

2. (1) 말이 많고, 끊임없이 계속되다.
   (2) 각자가 충분히 자신의 의견을 발표하다.
   (3) 말이나 행동이 단호하고 조금도 망설이지 않다.
   (4) 이유가 충분하고 정확하여 하는 말이 기세가 충만하고, 혹은 이유가 충분하여 태도가 떳떳하다.

3. (1) 말을 이렇게 단호하게 하지 말고, 그래도 자세히 고려해 보고 다시 그들에게 대답을 하십시오.
   (2) 이 돈은 내 자신이 아르바이트를 해서 번 것이므로, 설령 사치스런 물건을 산다 하더라도 나는 당당하다.
   (3) 도중에, 그는 끊임없이 계속 우리들에게 그 지역의 풍토와 인심을 소개하였고, 또한 며칠 더 놀라고 건의하였다.
   (4) 결정을 하기 전에는, 모두들 각자 자신의 의견을 밝힐 수 있습니다. 그러나 일단 결정을 하면, 모두들 일치되기를 바랍니다.
   (5) 이 드라마는 너무나 재미가 없습니다. 이야기의 전개가 느리고, 배우들은 단락단락 씩 쉴 새 없이 대사를 하고 있으니, 보다가 그저 잠만 자고 싶습니다.

Ⅱ. 성어 뜻과 쓰임 익히기

5. 不相上下

① 너희 두 사람의 실력은 비슷하지만, 다만 네가 너무 긴장해서 그 사람만큼 실력을 발휘하지 못했다.

② 그녀들은 용모는 비슷하지만, 성격은 완전히 서로 다른데, 이것이 왜 한 명은 인기가 있고 한 명은 인기가 없는지에 대한 이유이기도 하다.

③ 키가 나와 엇비슷한 이 젊은이를 보니, 말로 표현할 수 없는 친숙한 느낌이 든다.

④ 내가 보기에, 오늘 이 경기는 두 팀의 실력이 막상막하라서, 최후에는 누가 운이 좀 더 좋은지 봐야 한다.

6. 无理取闹

① 설령 회사가 당신이 아픈 동안에 당신을 해고시켜서는 안 된다 하더라도, 매일 회사 앞에서 소란을 피울 것이 아니라, 반드시 법률적 절차를 통해서 해결해야 한다.

② 그는 상대방이 일부러 말썽을 부린다는 것을 분명히 알았지만, 어떻게 처리해야 할지 몰라서, 하는 수 없이 사장님에게 전화를 걸었다.

③ 나는 이치에 맞지 않게 남과 다투는 사람이 아니며, 당신이 어제의 일에 대해서 분명하게 해명만 해준다면, 바로 당신 사무실을 떠날 것입니다.

7. 莫名其妙

① 모두들 상대방은 나를 바라보고 나는 상대방을 바라보며 어리둥절해 할 뿐, 그가 왜 갑자기 화가 났는지 몰랐다.

② 아이들은 자주 영문을 알 수 없는 질문을 하는데, 이것은 호기심이 왕성하다는 뜻이므로, 부모님은 반드시 진지하게 대처해야 한다.

③ 그 때의 동창모임 후에, 그는 이유 없이 보이지 않았고, 여러 해 동안 그의 소식이 없었다.

④ 내가 들어 왔을 때 그들은 모두 나를 보고 웃어서 나는 영문을 알 수 없었는데, 설마 내 얼굴에 더러운 뭐라도 묻었단 말인가?

8. 岂有此理

① 당신이 나에게 부딪쳐놓고, 사과를 하지 않을 뿐만 아니라, 오히려 말끝마다 욕이라니, 이런 경우가 어디 있단 말인가?

② 나는 그가 기분이 좋지 않은 것을 보고 그를 위로했는데, 그가 오히려 나에게 화를 내다니, 정말로 어찌 이럴 수가 있단 말인가?

③ 너는 정말 단순하구나, 현실에는 이런 당찮은 일이 아주 많은데, 어떻게 모든 일이 공평할 수 있단 말인가?

9. 小心翼翼

① 물건은 사람이 사용하는 것이고, 망가지면 다시 한 개 사줄 테니, 당신은 이렇게 조심조심할 필요 없습니다.

② 돌아왔을 때 그의 안색이 매우 좋지 않았기 때문에, 나는 매우 조심스럽게 무슨 일이 일어났는지 물어보았다.

③ 병이 난 후 그의 성격은 나빠졌기 때문에, 나는 매일 매우 조심스럽게 보낸다.
④ 문에서 조심스러운 노크소리가 들려서 문을 열어 보았는데 모르는 아가씨였다.

확인하기 II

2. (1) 이런 경우가 어디 있단 말인가?
   (2) 이치에 맞지 않게 남과 다투다. 폐를 끼치다.
   (3) 좋고 나쁨 우열을 분간할 수 없다. 수준이 대등하다.
   (4) 일이 이상해서 이해할 수 없다.
   (5) 조심하고 신중하여 추호도 소홀함이 없다.

3. (1) 사실을 말하면, 그들 몇 명의 연기 실력은 정말로 비슷해서, 누가 수상을 하든지 나에게는 모두 의외가 아니다.
   (2) 나는 소독약을 들고 아주 조심스럽게 그의 상처에 발랐는데, 아프게 할까 봐 매우 걱정하였다.
   (3) 점장은 만일 일부러 말썽을 부리는 손님을 만나게 되면, 너무 예의 바르게 할 필요 없이 당연히 해야 하는 대로 하라고 말하였다.
   (4) 나는 네 친언니인데, 네가 나를 돕지 않고 오히려 모르는 사람을 돕다니, 정말 어찌 이럴 수가 있단 말인가?
   (5) 당신은 아이가 옆에서 고래고래 고함지르는 것이 일부러 말썽을 부리는 것이라고 생각하겠지만, 사실 그는 단지 너의 관심을 받고 싶은 것이다.
   (6) 나는 최근에 그들 두 사람 사이에 설명할 수 없는 일종의 긴장된 분위기가 있다고 생각하였는데, 나중에서야 그들 두 사람이 같은 여학생을 좋아하게 되었다는 것을 알았다.

실력향상을 위한 종합연습

1. (1) 어제 당신은 선생님을 찾아가서 점수를 더 달라고 요구하였는데, 결과는 어떻게 되었습니까?
   (2) 당신 두 사람은 모두 테니스 고수라던데, 두 사람 중 누가 더 대단합니까?
   (3) 당신은 그들이 방금 옮긴 상자 안에 무엇이 있을 거라고 생각합니까?
   (4) 방금 그 사람이 왜 그런 무시무시한 눈빛으로 당신을 보았습니까?

2. 우리 농구팀에서 짱허언과 왕원샨의 실력이 가장 높은데 수준이 막상막하이다. 그러나 그들 두 사람의 성격은 차이가 많이 난다. 짱허언은 말하는 것을 좋아하지 않아서 그에게 무슨 일을 물어보면 그는 늘 두세 마디로 말을 끝내고 더는 말을 하지 않는다. 그러나 왕원샨은 정반대로 입을 열기만 하면 쉴 새 없이 말을 한다. 이 점 때문에, 나는 줄곧 이 두 사람이 좋은 친구가 될 수 있다는 것을 이해할 수 없는 일이라고 생각하였다.

3. 왕 선생님은 다른 선생님과는 달리, 진정으로 마음속으로부터 학생을 존중하고, 학생의 의견을 존중한다. 그의 수업에서, 학생들은 충분히 각자의 의견을 발표할 수 있고, 당당하게 그와 논쟁을 펼칠 수 있다. 설령 학생의 관점이 분명히 틀린 것일지라도, 그는 학생이 일부러 말썽을 부린다거나 당치도 않다고 질책하지 않고, 한 단계 한 단계 학생 자신이 잘못을 발견하도록 지도한다. 그러므로, 설령 아무리 겁이 많은 학생이라도 그의 수업에서는 모두 매우 조심스러워 하지도 않고 발언을 못하

지도 않는다. 이제 우리가 왜 모두 그렇게 왕 선생님의 수업을 좋아하게 되었는지 알겠지요?

(1) 학생들은 왜 모두 왕 선생님을 좋아합니까?

(2) 왕 선생님의 수업에서, 학생들은 무엇을 할 수 있습니까?

(3) 학생이 잘못을 하였을 때, 왕 선생님은 어떻게 대처합니까?

(4) 왕 선생님의 수업에서 겁이 많은 학생의 태도는 어떻습니까?

제7과

Ⅰ. 성어 뜻과 쓰임 익히기

1. 见义勇为

① 어젯밤에 나는 가방을 도둑맞았는데, 그가 의로운 일에 선뜻 나서, 쫓아가서 가방을 찾아오게 도와주었고, 또 나를 집에 바래다주었다.

② 그는 위험을 무릅쓰고 당신을 물속에서 구조해 주었다. 그처럼 이렇게 정의를 위해 용감하게 나서는 훌륭한 청년은 보기 드물다.

③ 정의로운 일을 보고 용기를 내서 뛰어드는 이러한 사람과 행위는, 우리가 반드시 최대한 취재하고 보도해서 더욱 많은 사람들이 알도록 해야 한다.

④ 우리는 기금 한 개를 조성해서, 특별히 정의로운 일을 보고 용기를 내서 뛰어드는 사람들을 표창하는데 사용하려고 한다.

2. 理所当然

① 그는 어렸을 때 개에게 물린 적이 있기 때문에, 지금 개를 무서워하는 것은 당연하다.

② 이 지역의 전통은 아이가 몇 년 동안 공부를 하면 바로 장사 하는 것을 배우는 것인데, 모두들 이러한 방법이 당연하다고 생각한다.

③ 나는 가장 늦게 귀가하였고, 탁자 위에 국 한 그릇이 놓여 있는 것을 보고, 당연히 나에게 주는 것이라고 생각하였다.

④ 잘 하면 표창을 하고, 잘못하면 해고하는 것, 이것은 당연한 일 아닙니까?

3. 力所能及

① 학부모는 반드시 아이가 자기 능력으로 해낼 수 있는 집안일을 하게 해서, 아이가 생활에서 스스로 처리할 수 있는 능력과 책임감을 기르도록 해야 한다.

② 당신은 얼마든지 자신의 생각에 따라 하십시오. 나는 제 힘이 미치는 범위 안에서 당신에게 편리를 제공하겠습니다.

③ 그는 우수하고 인간관계도 좋다. 우리는 모두 그를 사랑하고, 힘이 닿는 한 양호한 업무 환경과 조건을 만들어 주려고 한다.

4. 竭尽全力

① 우리는 겨우 세 사람으로, 사람도 부족하고 돈도 부족하기 때문에, 설사 최선을 다한다고 해도 이 임무를 완성할 수가 없다.

② 우리 팀 전체가 1개월 동안 모든 힘을 다 기울여서, 마침내 만족스런 설계 방안을 내놓았다.
③ 제품의 판로를 확장하기 위해서, 그는 거의 혼신의 힘을 다하는 지경에 이르렀고, 매일 20명의 고객을 방문하였다.

확인하기 Ⅰ

2. (1) 모든 힘을 다 기울이다.
 (2) 도리에 따르면 반드시 이러해야 한다.
 (3) 자기 자신의 능력으로 달성할 수 있다.
 (4) 정의로운 일을 보고 용기를 내서 하다.

3. (1) 그는 의로운 일에 용감히 나서, 소방차가 도착하기 전에 화재 현장에 뛰어들어, 이미 의식불명인 노인을 구해냈다.
 (2) 비록 퇴직했지만, 나는 아직도 일 없이 한가히 있고 싶지 않고, 여전히 내 자신의 능력으로 해낼 수 있는 일을 찾아서 하고 싶다.
 (3) 그녀는 자기중심적인 사람이기 때문에, 당연히 모든 사람들이 그녀에게 양보해야 한다고 생각한다.
 (4) 그는 반장이기 때문에, 이 일을 인지한 후 당연히 선생님께 보고했지만, 오히려 친구들의 불만을 샀다.
 (5) 나는 이미 모든 힘을 다해서 훈련을 했기 때문에, 비록 우승을 차지하지는 못했지만 후회할 것도 없다.

Ⅱ. 성어 뜻과 쓰임 익히기

5. 名副其实

① 자선가라고 모두 명성이 실제와 서로 부합되는 것은 결코 아니며, 어떤 사람들이 자선을 베푸는 것은 사실 자신의 명성을 높이기 위해서일 뿐이다.
② 그와 같은 이런 사람이야말로 명실상부한 전문가로서, 문제를 정확하고 생동감 있고 이해하기 쉽게 설명할 수 있다.
③ 그는 겨우 15세에, 바둑 전국대회에서 우승을 차지하였고, 명실상부 가장 젊은 바둑 왕이 되었다.

6. 家喻户晓

① 80년대, 영화 <소림사>는 중국 각지에서 인기를 누렸는데, 배우들이 유명해졌을 뿐만 아니라, 소림사도 이때부터 사람들이 모두 알게 되었다.
② 리우시앙은 우리나라에서는 낯선 이름이지만, 중국에서는 집집마다 모두 다 아는 인물이다.
③ 우리는 쓰레기를 어떻게 분류하고 회수하여 이용할지 반드시 대대적으로 홍보해야 하고, 사람들이 모두 알 수 있도록 온갖 노력을 다해야 한다.
④ 이 일은 비공식적으로 해결하는 것이 좋지 않습니까? 누구나 다 알게 할 필요까지 있겠습니까?

7. 不言而喻

① 어린이의 언어 발달과 사유 발달의 관계가 밀접하다는 것은 말하지 않아도 이해할 수 있다.

② 그는 눈 한 개를 잃었기 때문에, 보는 것과 쓰는 것이 모두 불편하지만, 여전히 글쓰기를 계속하는데, 그 고통과 피로는 말하지 않아도 이해할 수 있다.
③ 그는 집안의 장자로서, 아버지가 돌아가신 후, 동생들을 돌봐야 했는데, 이것은 두말할 필요도 없는 책임이었다.

8. 难能可贵
① 그가 대스타로서, 이렇게 오랫동안 부정적인 뉴스가 거의 없다는 것은 정말 참으로 훌륭하다.
② 그는 사업상 매우 성공했지만 사람들에게 여전히 겸손하고 예의 바른데, 이 점이 특히 훌륭하다.
③ 그는 예순이 되었고 경험이 풍부하지만, 오히려 참으로 귀하게도 세계에 대한 호기심과 열정을 유지하고 있다.
④ 그녀의 체형이 흠잡을 데가 있는지 없는지는 아무런 관계가 없다. 내가 보기에, 참으로 기특한 것은 그녀가 꾸준히 단련할 수 있다는 것이다.

9. 一如既往
① 그 일은 내가 그에게 미안하지만, 그는 나에게 여전히 예전과 다름없어서 나를 매우 부끄럽게 한다.
② 그는 국제 피아노대회에서 1등을 차지하였지만, 돌아온 후 매일 여전히 예전과 다름없이 고생을 참아 내며 피아노 연습을 한다.
③ 이 새 게임기는 변함없는 화려한 외관과 흠잡을 데 없는 완벽한 품질을 유지하고 있다.

확인하기 II

2. (1) 설명하지 않아도 이해할 수 있다.
   (2) 명성 혹은 명칭이 실제와 서로 부합되다.
   (3) 집집마다 모두 이해하고 모두 알다.
   (4) 하기 어려운 일을 뜻밖에 해내서 매우 훌륭하다.
   (5) 태도 혹은 방법이 아무런 변화 없이 지난날과 같다.

3. (1) 그는 시간이 나기만 하면 앉아서 책을 읽는데, 정말로 명실상부한 책벌레다.
   (2) 그녀는 천재 배우인데, 스물 몇 살 때 이미 홍콩에서 모두가 다 아는 영화 스타가 되었다.
   (3) 비록 그는 백만 원의 대상에 당첨되었지만, 생활은 지난날과 다름없이, 먹는 것에 신경 쓰지 않을 뿐만 아니라, 의복에도 신경 쓰지 않는다.
   (4) 기업에게 데이터 자산의 중요성은 두말할 필요도 없다. 이러한 데이터를 잘 저장하고 관리하고 보호하는 것은 매우 중요하다.
   (5) 그는 두말할 나위 없는 성공한 사업가이지만, 훌륭한 점은 자선 사업에 대한 다년(多年)간의 후원이다.
   (6) 나는 그를 도와준 후 우리들의 관계가 개선될 것이라 생각하였는데, 그가 여전히 예전과 다름없이 엄숙하고 냉정할지 누가 알았겠는가?

실력향상을 위한 종합연습

1. (1) 그녀는 특별히 예쁘게 생긴 것도 아닌데 왜 그렇게 많은 남자들이 그녀를 좋아하는 것입니까?
   (2) 나와 그는 단지 일반 친구일 뿐이지만, 그가 그렇게 어려운 것을 알고 마음이 그래도 조금은 슬펐다.
   (3) 이야오밍을 압니까?
   (4) 게임 결과는 아직 정식적으로 발표되지 않았는데, 어떻게 짱웨이가 패하고 왕치앙이 승리한 것을 압니까?

2. 내 동생 천이양은, 친구들이 모두 그를 작은 태양이라고 부르는, 명실상부한 적극적이고 따뜻한 마음씨를 가진 사람이다. 어제 집에 돌아오는 길에, 그는 어떤 사람이 물에 빠진 것을 보았고 깊이 생각하지도 않고 뛰어내려 사람을 구했다. 그러나 집에 돌아온 후, 나는 호되게 그를 한 바탕 꾸짖었는데, 그가 정의를 위해 용감하게 나서고 싶다고 하더라도 자기 자신의 능력으로 달성할 수 있는 일인지 살펴봐야 하기 때문이다. 그 자신도 수영을 그다지 잘 하지 못하는데, 뜻밖에도 물에 들어가 사람을 구한다는 것은 두 사람 모두 위험한 것이 아닌가?

3. 나의 우상은 현재 사람들이 모두 안다고 말할 수 있는 배우이다. 그는 스물 몇 살 사업이 상승세에 있었을 때, 심한 교통사고를 당해서 하마터면 얼굴이 망가질 뻔 했다. 1년여 동안 치료를 한 후, 다시 재개를 해서 영화를 찍었다. 비록 여러 가지 어려움이 있었지만, 모든 힘을 다 기울였고, 매 번의 기회를 소중하게 여겼다. 10여 년의 고생스러운 노력을 거쳐, 많은 대중들의 사랑을 얻었고 각종 대상을 수상했다. 더욱 훌륭한 것은, 명예 앞에서 그는 이전과 다름없이 겸손하고 떠벌리지 않았으며, 자신은 다만 배우로서 자신의 능력으로 달성할 수 있는 일을 했을 뿐이라고 생각하였다.
   (1) '나'의 우상은 어떤 사람입니까?
   (2) 부상을 당한 후 다시 일을 시작하고, 그는 어떻게 성공을 이루었습니까?
   (3) 명예에 직면해서, '나'의 우상은 어떤 태도였습니까?

제8과

Ⅰ. 성어 뜻과 쓰임 익히기

1. 爱不释手

① 그녀는 이 스커트의 스타일과 색깔에 매우 만족해서, 손에서 놓으려 하지 않았지만, 가격이 정말로 비쌌기 때문에, 사장님과 흥정하기 시작했다.
② 이 장편소설은 내용이든 언어든 모두 매우 흡인력이 있기 때문에, 잠시도 손에서 놓지 못하게 한다.
③ 이 그림을 매우 좋아하는 사람은 당신 한 사람뿐만이 아니고, 많은 고객들이 이 그림을 마음에 들어 한다.
④ 나는 그 점토 인형을 들고 잠시도 손에서 놓지 않고 보고 또 보았고, 그것의 생생한 얼굴 표정에

깊이 매료되었다.

2. 博大精深

① 나는 배우면 배울수록 이 전공이 넓고 심오함을 발견하는데, 각고의 노력을 해야만 완전히 배울 수 있다.

② 이 학자의 좋은 두뇌는 부모가 물려준 것이지만, 그의 풍부하고 심오한 학문은 추호도 의심할 여지없이 후천적인 것이다.

③ 이렇게 여러 날 동안의 참관 방문 활동을 통하여, 나는 이 민족의 문화가 넓고 심오하다는 것을 이해하게 되었다.

3. 空前绝后

① 그가 월드컵에서 넣은 그 멋진 골은 축구사(史)에서 전무후무하다고 말할 수 있다.

② 성탄절 전에, 모든 상점들은 대대적으로 판촉활동을 벌이고, 모두 자기들 가격이 유일무이하다고 공공연하게 말한다.

③ 통치자의 지지로 인하여, 그 시기에 불교는 이전에도 없었고 앞으로도 다시없을 발전을 꾀하였다.

④ 그 영화는 꽤 뛰어나지만, 전무후무한 작품이라고 말하는 것은 그래도 조금은 과장되었다.

4. 无穷无尽

① 본보기의 효능은 무한한 것이다. 매 번 낙담할 때, 그를 생각하고 나는 다시 분발하게 된다.

② 이 회사에 들어온 후, 생활은 다른 내용은 없고 끝없는 초과 근무만 남은 것 같다.

③ 두 사람의 관계에 있어서, 한 쪽이 무한하게 헌신하기만 하고 보답을 받지 못하면, 이 관계가 오래갈 수 있습니까?

확인하기 I

2. (1) 한계가 없고, 끝이 없다.
   (2) 고금을 통틀어 유일무이하다.
   (3) 사상, 학식이 풍부하고 심오하다.
   (4) 너무나 좋아해서 차마 손에서 놓으려 하지 않다. 매우 좋아하다.

3. (1) 차(茶) 박물관 참관활동을 통하여, 차 문화의 넓고 심오함을 이해하게 되었다.
   (2) 나도 게으른 사람을 본 적은 있지만, 당신처럼 이렇게 게을러서 밥도 먹지 않는 사람은 절대적으로 유일무이하다.
   (3) 독일 철학은 넓고 심오하기 때문에, 독일 철학 박사 학위를 받을 수 있는 외국인은 많지 않다.
   (4) 사람들은 모두 사랑은 달콤하다고 말하는데, 왜 내 사랑에는 끝없는 번뇌만 있다고 느껴지는 걸까?
   (5) 그는 책 읽는 것을 좋아하는 사람인데, Kindle을 산 이후로, 그것을 정말로 손에서 내려놓지 못하고, 어디를 가든지 가지고 다닌다.

Ⅱ. 성어 뜻과 쓰임 익히기

5. 新陈代谢

① 운동은 신체의 신진대사를 촉진하여 더욱 많은 열량을 소모시킬 수 있고, 이로 인해 체중을 감량한다.

② 새로운 것이 낡은 것을 대신해 생겨나는 것은 우주의 보편적인 규율이기 때문에, 자연계이든 인류사회이든 모두 끊임없이 발전한다.

③ 낡은 어휘가 쇠퇴하고 새로운 어휘가 끊임없이 생겨나는 일은 매우 정상적인 것이고, 이렇게 되어야만 비로소 언어 표현의 필요성을 충족시킬 수 있다.

6. 迫不及待

① 그만 열변을 토하고, 빨리 결과를 발표하십시오. 이미 잠시도 기다릴 수 없을 지경입니다.

② 그의 비밀스러운 모습을 보고, 나는 매우 급하게 선물을 뜯어보니, 애초에 내가 오랫동안 찾아다녔지만 찾지 못했던 책이었다.

③ 만일 일각도 지체할 수 없는 우리의 마음을 이해한다면, 좀 일찍 목적지에 도착하게 좀 일찍 출발하여 주십시오.

7. 后顾之忧

① 우리는 직원들에게 완벽한 퇴직 계획을 제공하여, 뒷걱정을 해결했기 때문에, 그들이 전심전력으로 일할 수 있다.

② 자산을 잘 계획하셔서, 보험에 가입하고 합리적으로 투자해야만, 미래의 생활에 걱정이 없게 될 것입니다.

③ 아내는 매우 유능하여, 집안일을 잘 처리하고, 부모님과 아이를 잘 보살피기 때문에, 나는 일하는데 있어서 아무런 뒷걱정이 없다.

8. 迄今为止

① 지금까지, 우리 대학에서는 이미 두 명의 대통령과 다섯 명의 노벨상 수상자를 배출하였다.

② 그는 나에게 10만원을 빌려갔지만, 지금까지, 한 푼도 갚지 않았고, 나와는 연락도 하지 않는다.

③ 에디슨은 지금까지 인류역사에 있어 가장 위대한 발명가 중 한 명이다.

확인하기 Ⅱ

2. (1) 지금에 이르기까지.
   (2) 새로운 사물이 계속하여 발생하고 발전하여 쇠퇴하는 낡은 사물을 대체하다.
   (3) 절박해서 더는 기다릴 수 없다. 마음이 매우 다급하다.
   (4) 앞으로 나아가거나 외출해 있는 동안, 후방이나 집으로부터 온 혹은 미래에 대한 근심, 걱정.

3. (1) 고추는 열량이 낮고, 또 신진대사를 촉진할 수 있기 때문에, 비교적 강한 다이어트 기능이 있다고 들었는데, 정말입니까?
   (2) 우리는 전력을 다해서 선생님들의 교육과 연구에 필요한 조건을 제공하고 보장하여 선생님들의 근심을 해결할 것입니다.

(3) 그는 흥분한 상태에서 단숨에 이 곡을 다 썼고, 이 곡은 지금까지 그가 창작한 곡 중에서 가장 만족해하는 곡이다.

(4) 우리 가게의 가전제품은, 30일 이내에 교환할 수 있고, 2년 이내에 무료로 수리할 수 있기 때문에, 고객은 여기에서 가전제품을 구입하면 아무런 걱정이 없다.

(5) 오늘 저녁에 월식(月食)이 있다는 예보가 있었다. 저녁을 먹은 후에, 나는 지체하지 않고 의자 한 개를 옮겨 마당에 앉아서 보려고 기다리고 있다.

실력향상을 위한 종합연습

1. (1) 당신이 어제 새로 산 휴대폰은 사용해보니 어떻습니까?
   (2) 이렇게 여러 해 동안 고전 문학을 연구했는데, 당연히 아주 정통하겠지요?
   (3) 4개월 동안 유학을 하였는데, 부모님께서 오늘 당신을 보러 오십니까?
   (4) 우선 설명해야 할 점은 새로 오는 직원은 자주 출장을 가야 하는데, 어려움이 있습니까?

2. 나는 비교적 '오래된' 것 같은 취미가 있는데, 바로 우표 수집이다. 지금은 우리들이 우표를 사용하는 경우가 드물지만, 나는 온갖 방법으로 세계 각국의 우표를 수집한다. 매 번 좋아하는 우표를 한 장 발견하면, 차마 손에서 놓지 못하고 반복해서 한참 동안 감상하게 된다. 우표의 세계에서, 나는 무궁무진한 즐거움을 경험한다. 지금까지, 나는 이미 천 장에 가까운 20여개 국가의 우표를 수집하였다. 또한 계속해서 수집할 것이다.

3. 인류 사회의 어느 영역이든 기본 법칙은 모두 낡은 것은 차례로 사라지고 새 것이 이를 대신하는 것이지만, 항상 일부의 사람들은 영원히 세상 사람들에게 기억되는데, 예를 들면 베토벤이 그렇다. 그는 세계적으로 유명한 음악가이며, 내가 보기에, 심지어 고전 음악사(史)에 있어서 유일한 음악가라고 말할 수 있을 정도이다. 신체적인 장애와 정신적인 타격도 그를 쓰러뜨리지 못하였고, 오히려 ≪영웅교향곡≫, ≪운명교향곡≫ 등 무수한 위대한 작품을 완성하였다. 좌절을 겪을 때마다, 나는 그의 음악에서 무궁무진한 힘을 얻고, 다시 투지를 회복한다.
   (1) '나'는 인류 사회의 기본 법칙이 무엇이라고 생각합니까?
   (2) '나'는 베토벤을 어떻게 평가합니까?
   (3) '나'는 왜 베토벤의 음악을 좋아합니까?

제9과

Ⅰ. 성어 뜻과 쓰임 익히기

1. 画蛇添足

① 나는 이 영화가 전체적으로 나쁘지 않다고 생각하지만, 세부 묘사 두 부분은 뱀에다 다리를 그려 넣은 것처럼 쓸데없는 짓 같고 인물 관계를 표현하는데 쓸모가 없다.

② 오해라는 것은, 한두 마디로 해명하면 되는데, 또 사족을 붙여가며 장황하게 설명하니까, 오히려 당신이 고의로 한 것이라는 느낌이 들게 한다.

③ 지금은 생활수준이 높아서 아이들은 정상적으로 밥만 먹어도 신체 발육에 필요한 것을 충족시킬 수 있기 때문에, 학부모가 따로 아이들에게 건강 보조 식품을 먹이는 것은 뱀에다 다리를 그려 넣는 것과 같은 쓸데없는 짓이다.

2. 刻不容缓

① 저소득층의 거주 조건을 개선하는 일은 이미 잠시도 늦출 수 없는 일이기 때문에, 정부는 아무리 어려움이 있어도 이 돈을 내지 않을 수 없다.

② 가을과 겨울은 건조하여, 삼림 화재 예방은 미룰 수 없는 하나의 임무이므로, 관련 부서는 반드시 아주 중시해야 한다.

③ 이 디자인의 자동차 엔진은 설계에 문제가 있기 때문에, 자동차 회사는 반드시 지체하지 말고 모든 차량을 회수해야 한다.

3. 当务之急

① 당신은 겨우 열 몇 살이기 때문에 지금 당장 해야 할 일은 공부이지, 아르바이트를 해서 돈을 버는 것이 아니다.

② 한 번 시험에서 몇 점을 더 받고 덜 받는 것은 상관이 없고, 당장 급한 것은 그가 양호한 학습 습관을 기르도록 돕는 것이다.

③ 이제 더 이상 비현실적인 이치를 말하지 말고, 모두 각자의 견해를 말해서, 실행 가능한 해결 방안을 내놓는 것이야 말로 급선무이다.

4. 从容不迫

① 그는 매우 충분하게 준비를 했기 때문에, 비록 논문 심사 위원들이 그에게 많은 문제를 제기하였지만, 여전히 매우 침착했다.

② 그녀는 마치 선천적으로 태연자약한 사람 같은데, 이번이 그녀의 첫 번째 공개 강연이라는 것을 알 수 있겠습니까?

③ 그는 경험이 풍부하기 때문에, 지진이 시작되었을 때, 허둥대지 않고 모두를 차례대로 내려가게 하였고, 어떤 혼란도 일어나지 않았다.

④ 그는 매우 침착하게 이야기하기 때문에, 그가 지금 이야기하는 것은 생명까지 위태롭게 하는 병세가 아니라, 마치 아주 작은 일에 지나지 않는 것 같다.

확인하기 Ⅰ

2. (1) 뜻밖의 사고를 당하고도 매우 침착하고 허둥대지 않다.
   (2) 쓸데없는 짓을 하여 도리어 일을 잘못되게 하다.
   (3) 형세 혹은 일이 긴박하여 일각도 지체할 수 없다.
   (4) 현 단계에서 해야 할 모든 일 중에서 가장 중요하고 급히 처리해야 하는 일.

3. (1) 싸우지 마십시오. 지금 당장 처리해야 할 일은 누가 책임이 있는지를 다투는 것이 아니라, 잃어버린 아이를 찾는 것입니다.
   (2) 이 그림 자체로 이미 훌륭한데 당신이 굳이 옆에 시를 써넣어서, 결과적으로 뱀에다 다리를 그려 넣은 것처럼 쓸데없는 짓이 되어 버렸습니다.

(3) 해양 환경의 총체적인 품질이 계속해서 악화되는 추세를 보이고 있기 때문에, 해양 환경 보호는 이미 현 단계에서 해야 할 모든 일 중에서 가장 중요하고 급히 처리해야 하는 문제입니다.

(4) 게임 내내 그는 매우 침착했지만, 그의 상대는 득점이 뒤쳐진 후 비교적 조바심을 내며 게임을 했다.

(5) 그 이야기를 모두 읽고 난 후, 나는 결말 부분에서 인생에 대한 작가의 감탄은 정말로 약간은 사족을 붙인 것 같아서, 바로 이야기의 절정 부분에서 끝냈더라면 더 좋았겠다는 생각을 하였다.

Ⅱ. 성어 뜻과 쓰임 익히기

5. 雪上加霜

① 우리의 상반기 경영 실적이 좋지 않았기 때문에, 만일 다시 이 큰 거래처를 잃어버리게 되면, 회사는 정말 엎친 데 덮친 격일 것이다.

② 그는 막 공장에서 해고되었고, 아내는 또 검사 결과 이런 암까지 걸렸으니, 정말로 엎친 데 덮친 격이다.

③ 그는 시험을 잘 못 봤지만, 반드시 위로하고 격려해야 하며, 설상가상으로 꾸짖지 마시오.

6. 轻而易举

① 지난 반년 동안 그는 키가 많이 커서, 지금은 장롱 위의 물건을 아주 수월하게 들 수 있게 되었다.

② 건강한 식습관을 키우는 것은 수월한 일이 아닌데, 당신은 아마도 1주일 후에 특히 기름에 튀긴 음식이 먹고 싶을 것이다.

③ 가게를 연다면, 우리들의 솜씨는 의심할 것이 없고, 사업 운영 자금만 있다면, 나머지는 모두 식은 죽 먹기이다.

7. 举足轻重

① 이 세 기업은 회사 규모가 방대하고 역량이 풍부하여, 이 나라의 경제에 끼치는 영향이 절대적이다.

② 귀국하여 일을 할지 아니면 돌아가지 않을지, 그는 주저하고 있기 때문에, 당신의 판단이 매우 중요한 영향을 끼칠 것입니다.

③ 그는 40세에 이미 경찰국 국장이 되었고, 이 소도시에서는 상당히 영향력이 있는 인물이다.

④ 현재 쌍방의 득표수가 엇비슷하기 때문에, 이 때 당신의 입장과 선택이 대단히 중요해졌다.

8. 微不足道

① 당신네들 같은 천만부호와 비교하면, 이 정도의 내 재산은 도무지 보잘것없다.

② 무궁무진한 우주에서는, 지구도 한 개의 보잘것없는 행성에 불과하다.

③ 비록 보잘것없는 소(小)인물이지만, 나도 자신의 원칙과 자존심이 있다.

④ 당신의 작품도 당연히 열심히 그린 것이지만, 대가(大家)의 것과 함께 놓으니 보잘것없어 보인다.

확인하기 Ⅱ

2. (1) 하찮아서 언급할 가치도 없다.
   (2) 일을 하기 쉬워서 힘들일 필요 없다.
   (3) 재앙이 연이어 오다. 고생에 고생이 더해지다.
   (4) 대단히 중요한 위치에 있어서 일거수일투족이 전체에 중대한 영향을 끼치다.

3. (1) 그의 어머니는 금방 돌아가셨는데, 이 때 당신마저 헤어지자고 하면, 그에게는 정말 엎친 데 덮친 격 아닙니까?
   (2) 비록 당신의 대학은 매우 빠르게 발전하였지만, 전국적인 범위로 보자면, 당신들의 영향력이 대단하다고 할 수는 없습니다.
   (3) 이 발레리나의 성공은 우연한 것이 아니고, 또한 수월하게 이룬 것도 아니며, 그녀가 배후에서 쏟은 노력은 다른 사람의 몇 배이다.
   (4) 상대방의 실력이 높지 않기 때문에, 본래 그는 매우 수월하게 경기를 이길 수 있다고 생각하였다. 뜻밖에도 상대방이 매우 격렬하게 싸웠고, 마지막에 그는 겨우 근소한 스코어로 승리를 거뒀다.
   (5) 재난 지역의 수요로 보자면 이 정도의 내 성금은 보잘것없지만, 만일 모든 사람이 조금씩 기부를 한다면 큰 도움이 될 수 있습니다.

실력향상을 위한 종합연습

1. (1) 오늘 이 자리는 매우 엄숙한데, 검정색 정장의 가슴 부분에 장미꽃을 꽂은 그녀의 이런 차림에 대해 어떻게 생각합니까?
   (2) 최근에 너무나 바빠서 매일 겨우 세 시간 밖에 잘 수 없었기 때문에, 자주 머리가 어지럽다.
   (3) 당신이 수업이 끝나면 자주 양로원에 가서 그곳의 노인들을 돌본다는 것을 방금 알았는데, 당신 정말로 대단합니다.
   (4) 당신은 그를 매우 존경한다고 줄곧 이야기하였습니다. 당신은 그의 어떤 점을 가장 존경합니까?

2. 내 아버지는 유명한 대학교의 총장님인데, 그에게는 일종의 성숙한 남자의 매력이 있다. 언제든지, 어떤 상황에서든지, 그는 대단히 침착하게 행동하며, 마치 모든 문제가 그에게 있어서는 매우 수월하게 해결될 수 있는 것 같다. 사실상, 지금까지, 그는 분명히 각 방면에서 아주 성공적이다. 업무에 있어서, 그는 전력으로 몰입하여, 교육계에서도 영향력이 큰 자리를 차지하고 있으며, 생활에 있어서, 그는 가족들과 친구들에게 관심을 갖고, 필요할 때는 항상 그들의 후원자가 될 수 있다. 장래에 나도 아버지 같은 그런 사람이 될 수 있기를 바란다.

3. 그는 그 해에 자연재해가 줄줄이 이어졌던 것을 기억하며 말했다. 서남(西南) 지역의 재난이 가장 심각했는데, 여름에는 대지진이 발생하였고, 엎친 데 덮친 격으로, 이어서 또 백여 년 만의 폭우도 있었다. 비록 환경은 위험하고, 날씨는 아주 나빴지만, 이재민 구조 활동은 잠시도 늦출 수 없었다. 짧은 기간 내에, 사회각지에서 많은 돈과 물건을 기부하였고, 많은 사람들이 또한 자원하여 재해지역으로 가서 구조 활동을 하였다. 그 때, 사람들의 일치된 생각은, 바로 개인의 역량은 보잘

것없지만 전국이 한마음이 되면, 반드시 재해 지역 이재민들을 도와서 어려움을 극복할 수 있다는 것이었다. 이 일로 그는 사람들은 원래 마음속으로부터 자신의 국가와 국민을 사랑하고 있다는 것을 깊게 느꼈다.

(1) 그는 그 해에 대해 어떤 인상이 있습니까?
(2) 그 해 서남지역의 상황은 어땠습니까?
(3) 이재민 구조 활동은 어떻게 진행되었습니까?
(4) 재해 발생 후, 사람들은 어떤 생각이 있었습니까?

제10과

Ⅰ. 성어 뜻과 쓰임 익히기

1. 锲而不舍

① 3년 내에 실적을 두 배로 늘리겠다는 목표를 정한 이상, 게으름 피우지 않고 끝까지 해내야 하며, 어떠한 어려움에 부딪쳐도 포기해서는 안 된다.
② 그는 일종의 중도에 포기하지 않고 끈기 있게 매달리는 정신을 갖추고 있기 때문에, 난제에 봉착해도, 반드시 중도에 그만두지 않고 끝까지 이해가 될 때까지 연구하려고 한다.
③ 멈추지 않고 끈기 있게 자폐아동을 돕는 이런 자원 봉사자들에 대해, 나는 마음속으로부터 우러나오는 존경을 표한다.

2. 循序渐进

① 학습은 반드시 순차적으로 이루어져야 하는 것인데, 기초는 튼튼하게 다져야 하며, 만약 그렇지 않으면 점점 배울수록 향상되기가 어렵다.
② 신체를 단련하는데 있어서는 자신의 나이와 건강 상태에 근거해서 점차적으로 진행되어야 하고, 맹목적으로 운동량을 많이 늘려서는 안 된다.
③ 치료는 순서에 따라 점차적으로 심화시켜가는 과정이므로, 우선 그로 하여금 나에 대한 신뢰감을 갖게 하고, 정신적으로 긴장을 풀게 하려고 한다.

3. 再接再厉

① 나는 이미 성공적으로 5kg을 뺐는데, 한층 더 분발해서, 5kg을 더 빼려고 한다.
② 60여 세인 이 대학생은 졸업을 했는데, 더욱더 분발해서, 계속해서 대학원 시험에 응시하려고 한다.
③ 이 노(老)화가는 내 작품에 대해서 긍정적으로 평가하였고, 내가 한층 더 분발해서 더욱 선명한 개인적인 작풍을 형성하기를 바랐다.

4. 全力以赴

① 비록 그는 매 번 바둑을 둘 때 최선을 다하지만, 여태까지 한 번도 나를 이겨 본 적이 없다.
② 올림픽이 시작되기 3개월 전에, 모든 선수들은 최선을 다해서 훈련에 임하며, 최상의 컨디션으로 조절하려고 노력한다.

③ 그는 상대방 회사와의 경쟁을 전력투구해야 하는 한 차례의 전투로 간주하는데, 이렇게 해야지만 승리할 가능성이 있다.

확인하기 I

2. (1) 모든 힘과 정신을 투입하다.
(2) 한 번 또 한 번 계속해서 노력하다, 꾸준하게 하다.
(3) 끝까지 조각하다. 게으름 피우지 않고 노력하며, 끝까지 견지하다.
(4) 학습, 업무 등을 일정한 순서 혹은 절차에 따라 점차적으로 심화하거나 제고하다.

3. (1) 모든 교재는 편집할 때 순서에 따라 점차적으로 심화해서 내용을 배열하기 때문에, 따라서 배우면 된다.
(2) 그녀의 남편은 젊은 부교수인데, 결혼한 지 몇 년이나 되었지만 아이도 갖지 않고, 전력을 다해서 연구를 한다.
(3) 이번 임무는 중대하고 막중하기 때문에, 우리 모두는 반드시 최선을 다해서 임무를 어김없이 완수하도록 해야 한다.
(4) 그 회사의 서비스 전화는 자주 통화 중인데, 오후 내내 끈기 있게 매달려 전화를 걸어서 마침내 통화가 되었다.
(5) 비록 겨우 3등을 했지만, 이것은 우리의 역대 최고 성적이다. 우리는 한층 더 분발해서 내년에는 우승을 쟁취하도록 할 것이다.

Ⅱ. 성어 뜻과 쓰임 익히기

5. 一丝不苟

① 이 실험은 어느 정도 위험이 있으므로, 할 때는 반드시 빈틈이 조금도 없어야 하며, 그렇지 않으면 폭발이 일어날 수 있다.
② 당신이 그의 사무실 책상을 보고, 그의 서랍을 보면, 이 사람이 조금도 빈틈이 없는 사람임을 안다.
③ 어머니께서 조금도 소홀함이 없이 내 짐을 챙기시는 것을 보고서야, 나는 진정으로 내가 곧 집을 떠나게 될 것이라는 것을 의식하게 되었다.
④ 언제든지 그를 보면, 늘 머리부터 발끝까지 조금도 빈틈없이 치장하고 있는데, 이런 사람은 정말 보기 드물다.

6. 有条不紊

① 그는 일을 함에 있어서 늘 질서 정연하여, 오늘처럼 이렇게 허둥지둥하는 것은, 난 지금까지 처음 보았다.
② 일을 함에 있어서 방법에 주의해야 하는데, 예를 들면 우선 생각하고, 계획을 정하고, 그리고 나서야 질서 정연하게 전개할 수 있다.
③ 나는 이 교수님의 논문 읽는 것을 가장 좋아하는데, 질서 정연한 분석, 상세하고 빈틈없는 증명은, 읽었을 때 사람들이 사고의 즐거움을 느낄 수 있게 해준다.

④ 혼자서 생활을 하면 불규칙적으로 보내기 쉽지만, 그는 자신의 생활을 질서 정연하게 계획한다.

7. 兢兢业业

① 그는 업무에 있어서는 부지런하고 성실하여 어떠한 잘못도 한 적이 없는데, 무슨 이유로 그를 해고합니까?
② 나는 평생 동안 맡은 일을 부지런하고 성실하게 하였고, 비록 큰 공헌을 하지는 못했지만, 문제를 일으킨 적도 없다.
③ 그녀는 이 학교에서 30년 동안 근무했는데, 부지런하고 성실한 좋은 선생님이며, 그녀에 대한 학생들의 평가는 매우 높다.
④ 그는 매우 영리하지만, 일을 하는데 있어서 그렇게 성실하지는 않았다. 나중에 사장님이 그와 무슨 이야기를 나눴는지 모르지만, 그는 부지런하고 성실하며 조금도 빈틈이 없게 바뀌었다.

8. 精益求精

① 출판가로서, 그는 훌륭한 것을 더 훌륭하게 하려고 애쓰는데, 책의 내용부터 형식까지, 심지어는 잉크의 명암(明暗)과 농담(濃淡)조차도, 모두 자신에 대한 요구가 높다.
② 한 명의 노(老)배우로서, 그는 연기에 대해 이미 훌륭한데도 더 훌륭하게 하려고 노력하는데, 눈빛, 표정, 동작부터 대사에 이르기까지, 정확하게 파악하지 않는 것이 없다.
③ 우리는 생산 공정에 있어서든지, 기술에 있어서든지, 서비스에 있어서든지 모두 훌륭하지만 더욱 더 완벽을 추구한다.
④ 훌륭하지만 더욱 더 완벽을 추구하는 바로 이러한 정신 때문에 그의 작품은 늘 설계단계에서 이미 예약이 꽉 찬다.

9. 总而言之

① 선생님께서는 방금 그렇게 많은 말씀을 하셨는데, 총괄적으로 말하면, 당신이 전심전력으로 공부하고, 다시는 게임을 하지 않기를 바란다.
② 당신이 홀가분하고 자유롭고 싶다면 돈을 벌 수 없고, 당신이 돈을 벌고 싶다면 홀가분하고 자유로울 수 없으니, 요컨대, 이 두 가지를 동시에 다 가질 수는 없다.
③ 나를 좀 더 날씬하게, 좀 더 하얗게, 표정은 좀 더 자연스럽게, 요컨대, 나를 좀 더 예쁘게 찍을 수 있습니까, 없습니까?

확인하기 Ⅱ

2. (1) 각 방면의 상황을 총괄하여 말하다.
(2) 신중하고 조심스럽게 일을 하고 성실하게 책임지다.
(3) 이미 훌륭한데도 더 훌륭하게 하려 하다.
(4) 일을 함에 있어서 진지하고 섬세하여 조금도 소홀히 하지 않다.
(5) 말을 하거나 일을 함에 있어서 조리 있고 질서 정연하고, 조금도 무질서하지 않다.

3. (1) 그는 이미 훌륭함에도 더욱 훌륭하도록 공을 들이는데, 번역하는 원고의 모든 단어들을 만족할 때까지 다섯 번이나 교정하였다.
(2) 그는 조리 있고 질서 정연하게 이 문제에 대한 견해와 평가를 진술하였는데, 마치 이미 여러

번 연습한 것 같았다.

(3) 매일 설령 아무리 늦고 아무리 피곤해도, 그녀는 이 일련의 피부 관리 과정을 조금도 소홀히 하지 않기 때문에, 50여 세가 되었음에도, 피부는 여전히 희고 깨끗하고 팽팽하다.

(4) 한밤중임에도 불구하고, 그가 응급실에 실려 오자, 의사와 간호사는 바로 일사불란하게 응급 처치를 하기 시작했다.

(5) 비록 결코 자신의 일을 좋아하지 않지만, 그는 낮에는 여전히 근면하고 성실하게 일하고, 저녁에 집에 돌아오면 소설 창작에 몰두한다.

(6) 그곳은 경치가 아름답고, 기온이 온난하고, 음식물은 풍부하지만, 그래도 즐겁게 지내지 못하였다. 결론적으로 말하자면, 아무리 좋은 곳이라도 고향만큼 좋지 않다.

실력향상을 위한 종합연습

1. (1) 새해 당신은 무슨 소망이 있습니까?
   (2) 몇 개월 후면 당신은 대학 입학시험을 보게 되는데, 북경대학교에 합격할 자신이 있습니까?
   (3) 당신은 중국어를 이렇게 잘 배웠는데, 무슨 좋은 방법이 있습니까?
   (4) 시아오왕은 당신 부서에서 반년 동안 일했는데, 그에 대해 어떻게 생각합니까?

2. 리쯔밍은 어려서부터 체격이 왜소했기 때문에, 대학에 진학한 후 신체를 단련하기로 결심하였다. 그러나 말하기는 쉽지만 실천하기는 어려웠다. 처음 1주일 동안 그는 매일 1km도 뛰지 못했다. 그러나 리쯔밍은 일단 결심을 하면 최선을 다하는 사람이다. 그는 일사불란하게 신체 단련 지식을 공부하고, 헬스프로그램을 만들고, 식단을 조절하였다. 2년 동안 끈기 있게 매달려 단련을 하였기 때문에, 지금 당신이 그를 다시 만난다면, 분명히 눈앞의 건장한 젊은이가 누구인지 알아보지 못할 것이다.

3. 내 친구는 완벽주의자인데, 무엇을 하든 간에 조금도 소홀히 하지 않고, 반드시 가장 잘 할 때까지 한다. 그런데 아이가 생긴 이후로, 아이에게도 일을 하는데 있어서 이미 훌륭한데도 더 훌륭하게 하라고 요구한다. 예를 들면, 아이가 막 초등학교에 입학하여 글씨를 그다지 예쁘게 쓰지 못하자, 그녀는 아이에게 한 번 또 한 번 다시 쓰도록 요구하였고, 이것은 아이를 매우 힘들게 하였다. 이미 훌륭하지만 더욱 더 완벽을 추구하는 태도도 필요하지만, 아이는 어디까지나 아이이기 때문에, 우선 아이가 글씨를 올바르게 쓰도록 요구하고, 좀 더 크면 다시 글씨를 예쁘게 쓰라고 요구해야 한다고 생각한다. 결론적으로 말하자면, 성장과 학습은 점진적으로 발전하는 과정이기 때문에, 서로 다른 단계에서는 서로 다른 요구를 해야 한다. 만일 빠른 성과를 보려고 무리하게 다른 힘을 더하면, 결과는 반대가 될 것이다.
   (1) '나'의 친구는 무슨 특징이 있습니까?
   (2) '나'의 친구는 아이에게 어떤 요구를 합니까?
   (3) '나'는 정확한 교육 방법은 무엇이라고 생각합니까?
   (4) '나'는 친구의 교육 방법에 대해서 어떤 의견을 가지고 있습니까?

제11과

Ⅰ. 성어 뜻과 쓰임 익히기

1. 苦尽甘来

① 나는 그와 다섯 번 겨뤄 본 적이 있는데, 매 번 지다가 오늘 드디어 고생 끝에 그를 이겼다.

② 어머니는 평생 동안 고생을 하셨고, 마침내 고진감래의 이 날까지 기다리셨는데, 자녀들이 모두 직업을 갖고 일을 하고 결혼을 하게 되었다.

③ 아마도 참는 것이 습관이 되었는지, 고생 끝에 낙이 온 이 순간에도, 그는 특별히 기뻐하지도 않았다.

2. 精打细算

① 그 시기에 나는 날마다 꼼꼼하게 따지고 계산하였다. 교통비를 절약하기 위해서, 30분 일찍 일어나서 걸어서 학교에 갔다.

② 현재 시장의 경쟁은 치열하고, 이윤 폭이 작기 때문에, 반드시 원가에 대해서 꼼꼼하게 따지고 계산해야 한다.

③ 그는 줄곧 이러는데, 월초에 봉급을 받았을 때는 마음대로 쓰고는, 월말이 되면 알뜰살뜰하게 지낸다.

④ 그녀는 부유한 가정에서 자랐기 때문에, 돈이 부족해 본 적이 없는데, 어떻게 그녀가 꼼꼼하게 따지고 세밀하게 계산하는 사람이라고 기대할 수 있습니까?

3. 饱经沧桑

① 젊어서 고향을 떠난 후, 그는 여러 곳을 돌아다니며 세상의 온갖 풍파를 다 겪었다. 지금은 나이가 들었고 그래도 고향에 돌아가고 싶어 한다.

② 그녀의 양손은 척 보면 산전수전 다 겪어서 더는 곱고 부드럽지 않으니, 요 몇 년 동안 그녀가 그다지 잘 지내지 못했다는 것을 알 수 있다.

③ 비록 두 번의 전쟁을 겪었지만, 세상의 온갖 풍파를 다 겪은 노인의 얼굴에서, 당신이 본 것은 오히려 선량함, 관용, 자애이다.

4. 潜移默化

① 예술 교육은 모르는 사이에 감화되어야 하는데, 예를 들면 부모님은 어려서부터 자주 아이를 데리고 그림 전시회를 보러 가고 음악회를 가야 한다.

② 우수한 사람과 많이 접촉하고 교류하면 당신도 모르는 사이에 감화될 것이고, 여러 방면에서 향상될 것이다.

③ 많은 학부모들은 대학 진학을 아이들의 유일한 출구로 여기고, 아이들은 은연중에 감화되어 이러한 생각을 받아들인다.

④ 그는 서예가 집안 출신이기 때문에, 자신이 전문적으로 훈련을 받은 적은 없지만, 은연중에 감화되었고 감상 수준은 이미 일반인을 훨씬 초월하였다.

확인하기 I

2. (1) 세상만사의 변화를 경험하다.
   (2) 고통스러운 날들은 이미 지나가고, 행복한 날이 성큼 다가왔다.
   (3) 인력, 물자, 재원을 사용할 때 철저하게 계산하고 낭비가 없게 하다.
   (4) 사람의 사상이나 성격 혹은 습관 등이 환경 혹은 다른 사람의 영향을 받아 부지불식간에 변화가 생기다.

3. (1) 나는 노인의 퇴직금이 많지 않아서 꼼꼼하게 따지고 계산해야만 생활을 유지할 수 있다는 것을 안다.
   (2) 회사가 설립된 처음 2년은 매우 어려웠지만, 올해는 드디어 고생 끝에 낙이 와서 이윤을 보기 시작했다.
   (3) 어렸을 적 집안이 부유하지는 않았지만, 어머니는 알뜰하게 살림을 잘 하셨기 때문에, 뭔가 부족한 적이 없었던 것 같다.
   (4) 그는 평생 동안 온갖 풍파를 다 겪었지만, 결코 무감각해지지 않았고, 여전히 세상사에 대해 호기심이 많고, 사람에 대해서도 선의가 충만하다.
   (5) 독서는 하나의 습관으로, 사람에게 미치는 영향은 은연중에 감화되는 것이지, 어떤 책을 읽으면 바로 인생을 변화시킬 수 있다고 말하는 것이 아니다.

Ⅱ. 성어 뜻과 쓰임 익히기

5. 天伦之乐

① 주말에, 자녀들은 아이들을 데리고 연로한 부모님을 찾아뵙는다. 온 가족이 함께 모여서 이야기를 나누고 식사를 하며 가족 간의 즐거움을 마음껏 누린다.

② 그의 자녀는 모두 미국에 있고, 여러 차례 그에게 미국에 와 정착해서 가정의 단란함을 함께 누리자고 초청하지만, 그는 가고 싶어 하지 않는다.

③ 내 나이라면 원래는 집에서 가족들과 단란한 즐거움을 누려야 하지만, 나는 가만히 있지 못하고 아직도 나와서 일을 하고 싶다.

6. 无能为力

① 그녀의 처지를 전해 듣고 화가나 치를 떨었지만 어찌할 도리가 없었는데, 이것은 그녀의 집안일이기 때문이다.

② 그는 기뻐도 먹으려고 하고 기쁘지 않아도 먹으려고 하지만, 부모님은 이것에 대해 어찌할 도리가 없다. 그 자신이 건강의 중요성을 깨달아야만, 이러한 습관을 바꿀 수 있다.

③ 병원 입구에서, 조급하지만 아무것도 못해 안타까운 그의 모습을 보고, 나도 슬퍼서 금방이라도 오십 만원을 그에게 내주고 싶었다.

7. 无微不至

① 이 식당의 서비스는 매우 세심하고 빈틈이 없어 손님들을 매우 편하게 하는데, 어쩐지 한 번 먹어 본 적이 있는 사람은 모두 또 가고 싶어 한다.

② 15세 때 그는 병을 크게 앓은 적이 있지만, 가족들의 세심한 보살핌 덕분에 반년 후에 건강을

완전히 회복했다.

③ 몇 년 동안, 그녀는 부지런하고 성실하게 근무하고, 사소한 것까지 매우 세심하게 사랑으로 학생들을 보살폈기 때문에, 많은 학생들이 그녀를 엄마 선생님 이라고 부른다.

④ 부모님이 돌아가신 후 나는 삼촌 집에서 살았다. 삼촌은 마치 자신이 낳은 아이처럼 매우 관심을 가지고 돌봐 주셨다.

8. 无忧无虑

① 그녀는 농촌에서의 그 시절을 특히 그리워하는데, 매일 아무런 근심 걱정 없이, 자유롭게 들판과 숲 속에서 한가롭게 거닐었다.

② 30세 때, 그의 소원은 충분히 많은 돈을 벌어서, 가족들이 아무런 근심 걱정 없는 생활을 하게 하는 것이었다.

③ 그에게 있어서 행복은 간단하다. 풀밭에 드러누워서 아무 근심 걱정 없이 좋아하는 책을 읽으면 곧 행복하다.

④ 읍(邑)의 거주자들이 모두 안정된 생활을 하며 즐겁게 일하고, 아무 근심 걱정 없이 생활하는 것을 보니, 나도 이곳으로 이주하고 싶어진다.

확인하기 Ⅱ

2. (1) 가정에서 가족 간에 함께하며 누리는 즐거움.
(2) 관심과 보살핌이 매우 세심하고 빈틈없다.
(3) 아무런 근심 걱정이 없다. 마음이 매우 홀가분하고 자연스럽다.
(4) 힘을 제대로 쓰지 못하거나 어떤 일을 하거나 어떤 문제를 해결할 능력이 없다.

3. (1) 10년 전에는 의사도 아직 어찌할 도리가 없었던 이런 종류의 질병이 지금은 완전히 치유할 방법이 있다고 한다.
(2) 춘절(春節)은 중국인에게 가장 중요한 명절이다. 그 날은 고향 집이 얼마나 멀든지 관계없이 사람들은 모두 집에 돌아가서 가정에서 가족 간의 즐거움을 함께 누리려고 한다.
(3) 아이는 이미 다 자랐으니, 당신은 이렇게 사소한 것까지 신경을 쓰며 돌볼 필요 없이, 그들이 독립적으로 배워서 할 수 있게 해야 한다.
(4) 시아오짱은 지금 위로해 줄 사람이 필요하지만, 나는 어찌할 도리가 없다는 것을 아는데, 나는 그녀의 마음에서 바라는 그 사람이 아니기 때문이다.
(5) 매번 아무런 근심 걱정 없던 어린 시절 생활을 돌이켜보면, 그녀는 학습 스트레스를 그다지 주지 않았던 부모님께 특별히 감사한 마음이 든다.

실력향상을 위한 종합연습

1. (1) 나는 여름 방학 때 당신과 함께 윈난에 여행을 가고 싶지만, 3,000원밖에 가지고 있지 않아서 돈이 부족할까봐 걱정이 됩니다.
(2) 왜 어디를 가든지 관계없이, 당신은 노인들께 사진 찍어 드리는 것을 특별히 좋아합니까?
(3) 당신은 음악을 공부하는 사람이지요? 어떻게 고전 음악에 대해 그렇게 이해를 잘하십니까?

(4) 당신 생각에 가장 이상적인 생활 상태는 어떠한 것입니까?

2. 띵칭이 열 살이던 그 해, 아버지는 병으로 돌아가셨고, 나이 어린 두 딸을 남겼다. 꿋꿋한 어머니는 동시에 두 가지 일을 하였고, 한 푼 한 푼도 꼼꼼하게 따지고 계산하며, 이렇게 혼자서 아이들을 키워냈다. 지금은, 고생 끝에 낙이 왔다고 말할 수 있게 되었다. 띵칭 자매는 모두 좋은 직업을 갖게 되었고, 자신들의 가정도 이루었다. 두 자매는 어머니께 매우 효도를 하고, 생활에 있어서 어머니를 아주 세심하게 보살핀다. 매 번 주말이나 명절, 휴일 등이 되면 두 자매는 모두 아이들을 데리고 외할머니를 찾아뵙고 가족 간에 함께 하며 즐거움을 누린다.

3. 초등학교에 입학하기 전, 나는 할머니와 함께 조용하고 오래된 읍에서 살았다. 할머니 댁은 목조로 된 오래된 집이었는데, 문, 창, 기둥에는 모두 아름다운 무늬가 새겨져 있었다. 나는 그곳에서 아무런 근심 걱정이 없는 시간을 보냈고, 또한 모르는 사이에 감화되어 그곳의 전통적인 건축과 생활 방식을 좋아하게 되었다. 그러나 20여 년이 흘렀고, 할머니의 오래된 집은 많은 변화를 겪었는데, 물에 잠긴 적이 있고, 최근에는 또 화재도 발생했었기 때문에, 거주할 수 없게 되어서 하는 수 없이 헐게 되었다. 나는 그것을 매우 보존하고 싶었지만 어찌할 도리가 없었다. 아마도 나중에 기회가 되면, 나는 다시 그런 집을 지을 수 있을 것이다.
(1) '나'의 고읍(古邑)에서의 생활은 어떠했습니까? 그 생활은 '나'에게 어떤 영향을 주었습니까?
(2) 할머니의 오래된 집은 왜 헐어야 합니까?
(3) 오래된 집을 허는 이 일에 대해, '나'는 어떤 태도입니까?

제12과

Ⅰ. 성어 뜻과 쓰임 익히기

1. 继往开来

① 수상을 할 때, 그는 앞으로 한층 더 분발하고, 지난날을 계승하고 앞길을 개척하여, 시청자들을 위해 더 좋은 작품을 더 많이 창작하겠다고 표명하였다.
② 이번의 인사 조치는 분명히 앞 사람의 일을 이어받아 발전시키겠다는 의도를 엿볼 수 있는데, 많은 청장년들이 관리 층(層)에 진입하였다.
③ 이것은 이전 사람의 사업을 계승하여 앞길을 개척하는 세미나였는데, 최근 몇 년간의 중요한 성과를 총정리 하였을 뿐만 아니라, 향후 몇 년간의 발전방향을 밝혔다.

2. 实事求是

① 말은 있는 그대로의 사실을 토대로 해야 한다. 이 전체 계획의 방향은 내가 제시한 것이며, 당신은 단지 그것을 쓰는 것을 책임졌을 뿐이다.
② 이 과목의 가장 주요한 목적은 학생들이 사실을 토대로 진리를 탐구하고 독립적으로 사고하고 용감하게 탐구하고 사색하는 과학적 정신을 배양하도록 하는 것이다.
③ 비록 그는 아직은 신인이지만, 사실대로 말하면, 그가 설계한 스타일이 당신 것보다 조금 낫다.
④ 분명히 우리들의 현재 수준은 아직 높지 않고, 이 점에 있어서 그의 말은 사실을 토대로 한 것이

지만, 우리는 5년 내에 업계 일류 수준에 다다를 자신이 있다.

3. 恰到好处

① 모두가 함께 이야기를 나눌 때, 나는 그가 말은 결코 많이 하지 않지만, 하는 말은 아주 적절하다는 것을 발견하였다.

② 이 두 구(句)의 시를 꼭 적절하게 영어로 번역하려고 한다면, 그래도 머리를 좀 많이 써야 한다.

③ 그녀의 옷은 유명한 상표는 아니지간, 늘 꼭 알맞게 배합을 잘 하기 때문에 품위가 있어 보인다.

④ 어젯밤에 우리 몇 사람은 술을 꼭 적절한 정도까지 알맞게 마셔서, 편안하기도 하고 흥분도 해서 평소에는 하지 않던 말을 모두 했다.

4. 统筹兼顾

① 이 과제는 몇 개의 부서가 협력을 해야 하는데, 책임자로서 당신은 각 부서의 이익을 전체적으로 계획하고 고루 살펴야 한다.

② 매일 직장 일을 해야 하고, 집안일도 하고 아이도 돌봐야 하기 때문에, 그녀는 반드시 전체적으로 계획하고 살펴야만 이 일을 다해낼 수 있다.

③ 일을 하는 데 있어서 여러 방면의 일을 전체적으로 계획하고 살피는 방법을 배워야 한다. 밥 짓는 것을 예로 들면, 우선 국을 끓이는데, 국을 끓이는 동시에 야채를 씻고 자르고 볶을 수 있다.

확인하기 I

2. (1) 여러 방면의 일을 전체적으로 계획하고 살피다.
   (2) 이전 사람의 사업을 계승하여 앞길을 개척하다.
   (3) 말이나 행동 등이 꼭 아주 적절한 정도에 이르다.
   (4) 실제 상황에서 출발하여 과장하거나 축소하지 않고 정확하게 문제에 대처하고 문제를 처리하다.

3. (1) 이 요리의 맛은 꼭 적절하게 조화를 이루어, 약간은 시고 약간은 매워서 매우 식욕을 돋운다.
   (2) 오늘의 취재는, 기자 여러분들이 있는 그대로의 사실에 근거하여 보도를 하고, 우리들의 뜻을 왜곡하지 않기를 바랍니다.
   (3) 만일 아침에 달리기를 한 후, 마음이 즐겁고 정신이 충만하다고 생각한다면, 그것은 당신의 운동량이 매우 적절했음을 설명한다.
   (4) 그 때, 나는 일편단심으로 중국화(中國畵)를 새롭게 창조하려고 하였다. 원로 화가 한 분이 내게 새 것을 창조한다는 것은 결코 전통을 버리는 것을 의미하는 것이 아니라, 이전 사람의 것을 계승하여 앞길을 개척하는 것이 합리적인 방법이라고 가르쳐 주었다.
   (5) 여기에 무슨 공장을 세울 것인지 최종적으로 선택하는 데 있어서, 경제적 이익, 사회적 이익, 환경적 이익 등 여러 방면을 전체적으로 계획하고 살펴야만 결정할 수 있다.

Ⅱ. 성어 뜻과 쓰임 익히기

5. 一目了然

① 이 위치는 매우 유리한데, 당신은 들어오는 사람을 한눈에 환히 볼 수 있지만, 상대방은 오히려

당신을 발견하기가 쉽지 않다.

② 고대의 다른 등급의 관원이 입은 복장은 색깔과 도안이 서로 다르기 때문에, 상대방이 무슨 신분인지 한눈에 환히 알 수 있다.

③ 내 눈에, 그는 정말로 투명한 사람이기 때문에, 마음속으로 무엇을 생각하는지 어떻게 생각하는지 정말로 한눈에 환히 알 수 있다.

④ 내장 공사는 매우 전문적이지만, 그의 견적서 리스트는 일목요연하게 만들어졌기 때문에, 아주 빨리 이해가 되었다.

6. 相辅相成

① 학습과 사고는 서로 아우르며 보완해 주는 관계이다. 공부만하고 생각하지 않거나, 혹은 생각만 하고 공부하지 않으면 모두 향상될 수 없다.

② 치즈 케이크를 먹을 때 블랙커피를 함께 마시면, 커피의 쓴 맛과 향, 케이크의 진함과 부드러움이 서로 조화를 이루어서 두 가지가 모두 더욱 맛있다.

③ 교육과 경제는 상부상조의 관계이기 때문에, 교육이 발달할수록 경제도 더욱 발달하고, 그 반대도 역시 마찬가지다.

7. 不可思议

① 여섯 살 아이가 이렇게 어려운 수학 문제를 풀어내다니, 정말 불가사의한 일이다.

② 불가사의한 것은 이미 의사에게 사망 진단을 받은 그가, 놀랍게도 깨어났고, 이렇게 여러 해 동안 살았다는 것이다.

③ 여러 해 동안 보지 못했는데, 그녀는 뜻밖에도 점점 더 젊어졌고, 온몸에는 불가사의한 활기가 가득 찼다.

④ 그 영화가 개봉된 후, 그는 신속하게 인기를 얻었는데, 이해할 수 없을 정도로 인기가 있었다.

8. 齐心协力

① 식당 경영에 어려움이 생겼지만, 우리가 한마음으로 함께 노력한다면, 꼭 이 난관을 헤쳐 나갈 수 있다.

② 내게 필요한 것은 뜻을 모아 함께 노력하는 한 개의 팀이므로, 만일 불만이 있는 사람이 있으면, 서둘러서 물러나는 편이 가장 낫다.

③ 소방차가 도착하기 전에, 이웃들은 한마음으로 함께 노력해서 화재를 진압하여, 심각한 재산 손실이 생기지 않았다.

확인하기 Ⅱ

2. (1) 한눈에 환히 보다.
   (2) 한마음으로 함께 노력하다.
   (3) 두 가지 사물이 서로 조화를 이루고 서로 재촉하여 이루어지게 하고 하나라도 부족해선 안 된다.
   (4) 사물, 상황 혹은 언행에 대해 상상조차 할 수 없거나 이해할 수 없다.

3. (1) 경비를 절감하는 것과 수입원을 확충하는 것은 서로 조화를 이루고 하나라도 부족해선 안 되

는 관계인데, 많이 쓰고 적게 벌면 부를 축적하기 어렵다.

(2) 그들은 알게 된지 3일 만에 결혼했는데, 이것은 정말로 불가사의한 일이지만, 아주 분명한 일이다.

(3) 비록 도둑의 손에 칼이 있었지만, 그래도 세 명의 젊은이는 한마음으로 함께 노력해서 끝내 도둑을 잡았다.

(4) 집이 크지 않고 간단한 가구 몇 가지가 한눈에 환히 보이는데, 주인이 매우 소박한 생활을 하고 있음을 알 수 있다.

(5) 방의 창문이 밖의 광장을 향하고 있기 때문에, 광장에서 무슨 일이 일어나는지 방안의 사람들이 한눈에 환히 볼 수 있다.

실력향상을 위한 종합연습

1. (1) 이것은 그가 처음으로 악역을 연기하는 것입니다. 그의 연기를 어떻게 생각합니까?
   (2) 짱밍은 매 학기마다 3등 안에 들다니, 대단합니다! 이것은 그가 오늘 빌려준 학습 필기입니다.
   (3) 당신도 처음으로 사람이 쌀알에 그림 그리는 것을 보는 겁니까?
   (4) 나는 자유를 좋아하지만, 생활에는 늘 여러 가지의 구속이 있습니다. 완전한 자유는 없는 것입니까?

2. 그녀를 보면, 당신은 분명히 이렇게 젊고 활기 넘치는 그녀가 한 회사의 책임자인 동시에 아이가 세 명인 엄마라고 믿기 어려울 것입니다. 불가사의한 것은, 근무시간 이외의 여가시간에, 그녀는 직접 세 명의 아이를 보살피는데, 아이들에게 밥을 해주고, 아이들을 학교에 데려다 주고, 놀랍게도 매주(每週) 또 세 번이나 운동을 하러 갑니다. 그녀의 시간은 어디에서 온 것일까요? 스케줄을 보면, 그녀의 생활이 매우 규칙적이그로, 어떤 시간에 무슨 일을 하는지 한눈에 환히 볼 수 있는데, 이렇게 하면 시간을 많이 절약할 수 있다는 것을 알 수 있습니다. 그녀는 여러 방면의 일을 전체적으로 계획하고 잘 살피는데, 예를 들면 집안일을 하는 동시에 의식적으로 신체를 단련합니다. 그러므로 매일 매우 바빠도 그녀는 여전히 원기 왕성합니다.

3. 나는 일찍이 한 수상자가 수상 소감을 발표한 것을 본 적이 있다. 나는 이 수상자를 자세하게 알지 못했지만, 적절하고 진정한 그의 소감은 나로 하여금 금방 그에 대해 호감을 갖게 했다. 그는 결코 자신이 얼마나 노력했고 얼마나 고생을 했는지 말하지 않았고, 단지 자신이 운이 좋았다고 말했다. 그가 막 업무에 입문했을 때 좋은 선배를 만났고, 그 선배가 그에게 어떤 분야든지 모두 지난날의 것을 계승하고 앞길을 개척해야 하며, 계승과 개척 중 하나라도 부족해선 안 된다고 가르쳐 주었다. 그는 좋은 팀을 만났고, 한 무리의 열정 넘치는 꿈을 가진 젊은이들이 한데 모여서, 한마음으로 함께 노력하여 난제를 하나하나 극복하였다. 그러므로 상을 받으러 온 사람은 그이지만, 모든 성취와 영예는 모두 그의 팀의 것이다.
   (1) '나'는 자세하게 알지 못하는 수상자에 대해 어떻게 금방 호감이 생겼습니까?
   (2) 막 업무에 입문했을 때, 선배는 그에게 무엇을 말해 주었습니까?
   (3) 그의 팀은 어떻게 많은 난제를 극복할 수 있었습니까?

제13과

Ⅰ. 성어 뜻과 쓰임 익히기

1. 恍然大悟

① 그가 사진을 보며 넋을 잃은 걸 보고, 분명히 실연을 당해서 이렇게 맥이 없다는 것을 나는 금방 알게 되었다.

② 설명을 듣고, 그는 문득 모든 것을 깨달은 듯 고개를 끄덕였는데, 원래 '花兒(꽃)'은 꽃이 아니라, 그 지역의 일종(一種)의 민가(民歌)였다.

③ 문득 모든 것을 깨달은 그의 모습을 보니 거짓인 것 같지는 않고, 어쩌면 이전에 그는 정말로 우리들의 계획을 전혀 모르고 있었던 것 같다.

2. 不择手段

① 그는 그 직위를 얻기 위해서 정말로 수단 방법을 가리지 않았는데, 선물을 하고 목적 달성을 위해 관계를 맺고 친구를 배반하고……그가 감히 하지 못한 것이 없다.

② 이렇게 오랫동안 그는 수단 방법을 가리지 않고 위로 올라갔고, 당시 그를 무시했던 사람들에게 자신이 강자라는 것을 증명하려고 하였다.

③ 당신은 수단 방법을 가리지 않는 그와 같은 이런 사람과 감히 친구를 하겠습니까? 만일 장래에 당신들 사이에 이해 충돌이 생기면, 그는 수단 방법을 가리지 않고 당신에게 대응하지 않겠습니까?

3. 不屑一顾

① 이런 내용들이 간단하다고 일고의 가치도 없다고 생각하지 마십시오. 이런 기초 지식은 종종 당신이 앞으로 공부하는 데 있어서 깊이와 범위에 영향을 끼칩니다.

② 그는 몇 분 동안 대담 프로를 본 후에, 거들떠보지도 않고 '이 사람은 전혀 역사를 모르고 마구 지껄이는 것이다.'라고 말하였다.

③ 설사 당신의 수준이 높다고 해도, 다른 사람의 작품에 대해서 일고의 가치도 없다는 표정을 드러내지 마십시오, 이것은 기본적인 존중입니다.

4. 肆无忌惮

① 그는 젊었을 때 건강이 좋았고, 며칠씩 잠을 못 자는 것도 흔히 있는 일이었는데, 아무런 거리낌이 없었다. 지금은 안 된다.

② 이미 깊은 밤인데도, 이 젊은이들이 여전히 전혀 거침없고 두려움 없이 즐기며 술을 마시고 음악을 틀어 놓고 춤을 추자, 이웃들은 할 수 없이 경찰에 신고하였다.

③ 이 거리는 아무것도 거리낌 없이 제멋대로 구는 범죄, 강도, 마약, 총기 난사가 난무해서, 여기에 감히 오는 사람이 드물다.

④ 부모님이 떠나자 아이들은 전혀 거리낌 없이 제멋대로 굴었다. 금방 모든 아이들은 온몸이 진흙투성이가 되도록 놀았다.

확인하기 I

2. (1) 갑자기 모두 이해하게 되다.
   (2) 매우 방자하게 굴고, 전혀 거침없고 두려움이 없다.
   (3) 목적을 달성하기 위하여 모든 수단을 다 쓰다.
   (4) 어떤 사물을 무시하여, 한 번 돌아볼 필요도 없다고 생각하다.

3. (1) 이 사기꾼들은 돈이라면 정말로 수단 방법을 가리지 않았고, 놀랍게도 노인들의 치료받는 돈까지 사기를 쳤다.
   (2) 다른 사람이 당신을 거들떠보지도 않고, 당신을 위협이 되는 적수로 보지는 않지만, 당신 자신은 자신을 가볍게 봐서는 안 된다.
   (3) 그가 나에게 한참 동안이나 손짓을 했지만, 그가 종이 위에 써서 나에게 보여주었을 때서야, 나는 비로소 갑자기 모두 이해하게 되었는데, 원래 그는 길을 묻고 싶었던 것이다.
   (4) 그가 무대에 올라 발언을 하고 나서야 나는 겨우 모든 것을 알게 되었는데, 보기에는 마치 제멋대로인듯한 사람이 뜻밖에도 유명한 전문가였다.
   (5) 그녀가 거침없고 두려움 없이 크게 웃는 모습을 보니, 정말로 그녀가 부러운데, 나는 이미 아주 오랫동안 그렇게 웃어 본 적이 없는 것 같다.

Ⅱ. 성어 뜻과 쓰임 익히기

5. 无动于衷

① 산 정상에 서서, 이처럼 훌륭하고 장대한 경치를 마주하고, 누가 마음속에 아무런 느낌이 없을 수 있겠는가? 모두들 잇달아 카메라를 꺼내 들고 사진을 찍었다.
② 만일 현실 생활에서 사람들의 행복과 불행에 대해 전혀 무관심하다면, 당신은 좋은 작가가 될 수 없다.
③ 부모님이 어떻게 설득을 하든지 간에, 그는 조금도 동요하지 않는 표정으로, 여전히 매일 방안에 갇혀서 게임을 하고 학교에 가지 않았다.

6. 无可奉告

① 집 앞에서 기다리고 있는 많은 기자들을 직접 대면하고, 경찰 국장은 '사건의 경위는 아직 조사 중이기 때문에 지금은 드릴 말씀이 없습니다.'라고 말하였다.
② 만일 그녀에게 흥미가 있다면, 직접 그녀를 찾아 가십시오. 그녀 개인의 상황에 관해서 저는 드릴 말씀이 없습니다.
③ 무엇을 묻든지 간에, 그는 '아무것도 얘기해 드릴 것이 없습니다.'라고 말하지 않을 것이고, 빙그레 웃으면서 무슨 말인가를 할 것이다. 그러나 되돌아 생각해보면 당신은 그가 아무것도 말하지 않은 것을 발견할 것이다.

7. 根深蒂固

① 아버지가 생각했을 때는, 집값이 얼마나 비싸든지 관계없이 북경에 집을 사야 한다. 왜냐하면 자신의 집에 살고 있어야만 기초가 튼튼하여 쉽게 흔들리지 않고, 영원히 북경에 남을 수 있기 때문이다.

② 그에 대한 당신의 편견은 정말로 깊이 뿌리 박혀 있다. 그는 이미 변해서, 이전의 눈앞의 성공과 이익에만 급급하던 그와는 완전히 다르다.
③ 깊이 뿌리 박혀 있는 전통 풍습은 고친다고 말한다고 금방 고칠 수 있는 것이 아니고, 최소한 몇 세대를 거쳐야만 고칠 수 있다.

8. 归根结底
① 나는 모든 경쟁은 결국은 모두 인재 경쟁이라고 생각한다. 우리는 방법을 강구해서 인재를 붙잡아야 한다.
② 비록 당신들이 헤어진 이유는 몇 가지를 찾을 수 있겠지만, 결국은 당신들이 너무 자기중심적이어서 항상 자신이 옳다고 고집하는 것이 이유이다.
③ 이번 시험을 잘못 본 것은, 문제가 너무 어렵다거나 몸이 좋지 않아서라고 말할 수 있지만, 사실 결국은, 당신이 성실하게 공부하지 않았기 때문이다.

확인하기 II

2. (1) 근본으로 돌아가다.
(2) 얘기해 줄 만한 것이 없다.
(3) 기초가 튼튼하여 쉽게 흔들리지 않다.
(4) 사람을 감동시키는 일, 감정을 건드리는 일에 조금도 감동하지 않고 마음이 조금도 동요되지 않다.

3. (1) 그녀의 독립심은 깊이 뿌리 박혀 있는데, 특히 경제적 독립심이 그렇다. 남자 친구와 나가서 밥을 먹으면 그녀는 꼭 자신이 돈을 지불하려고 한다.
(2) 그녀는 예쁘게 생겼기 때문에, 많은 남자들이 그녀를 따라다니지만, 그녀는 조금도 동요하지 않고 결혼하지 않겠다는 뜻을 세웠다.
(3) 오늘 토론한 구체적 내용에 관하여, 우리 모두는 비밀 협의에 서명을 하였기 때문에, 매우 죄송하게도 당신께 드릴 말씀이 없다고 말할 수밖에 없습니다.
(4) 이 두 민족 간에는 깊이 뿌리박힌 갈등이 있기 때문에, 일정 기간마다 약간의 충돌이 생길 것이다.
(5) 당신의 실력은 사실 그와 대등하지만, 매번 그와 게임을 하면 특히 긴장을 하는데, 결국은 당신이 자신감이 부족하다는 것이다.

실력향상을 위한 종합연습

1. (1) 그녀는 당신이 때로 너무 냉정하다고 원망하지만, 오후에 당신이 쌍둥이 동생을 데리고 그녀를 찾아가면 재미있겠지요?
(2) 당신이 졸업 디자인을 교수님께 보여드렸더니, 교수님께서는 어떻게 말씀하셨습니까?
(3) 어젯밤에 그들 두 명은 운동장에서 싸움을 했는데, 무슨 일 때문입니까?
(4) 당신은 중국의 젊은이들이 결혼할 때 왜 반드시 집을 사려고 하는지 압니까?

2. 영화에서, 그 젊은 경찰은 범죄 집단에 위장 잠입하도록 파견되었다. 그들의 신뢰를 얻기 위해서,

그는 전혀 거리낌 없이 각종 범죄 활동에 참여하였고, 수단 방법을 가리지 않고 상대를 공격하여, 자기 집단의 세력을 확대하였다. 살인을 해야 하는 검증에 직면해서도, 그는 전혀 마음의 동요를 드러내지 않았다. 결국, 그는 성공적으로 범죄 집단에 위장 잠입하였다.

3. 대학을 졸업한 지 20년 후에, 나는 학우들 간의 차이가 매우 크다는 것을 발견하였다. 어떤 사람은 이미 자신의 직업에서 상당한 영향력이 있기 때문에, 말이나 행동이 모두 매우 침착하고 자신감이 충만하다. 어떤 사람은 만나면 쉴 새 없이 상사가 자신에게 어떻게 불공평한지 어떻게 자신에게 기회를 주지 않는지 등 불평을 늘어놓는다. 이러한 불평을 들어도, 나는 마음이 조금도 동요되지 않는다. 내가 동정심이 부족한 것이 아니라, 내가 보기에는 생활이나 업무가 뜻대로 되지 않는 것은, 결국은, 분명히 자신에게 문제가 있기 때문이다. 툭하면 불평을 하는 사람들은 항상 문제는 다른 사람한테 있고, 자신은 책임이 없다고 생각한다. 만일 이러한 깊이 뿌리박힌 생각을 바꾸지 않으면, 그들의 생활 상태는 바뀔 수 없다.
   (1) 대학 졸업 20년 후에, 학우들은 어떤 차이가 있습니까?
   (2) 다른 사람의 불평을 듣고, 단문 중의 '나'는 어떤 반응입니까?
   (3) 단문 중의 '나'는 불평하는 그런 사람들의 견해에 동의합니까? 무엇 때문입니까?
   (4) '내'가 보기에 불평하는 그런 사람들은 어떻게 해야 그들의 생활 상태를 바꿀 수 있습니까?

第14과

Ⅰ. 성어 뜻과 쓰임 익히기

1. 半途而废

① 그는 어려서 피아노, 회화, 서예를 배운 적이 있는데, 결국은 모두 중도에 그만둬서 지금은 아무것도 할 줄 모른다.

② 나는 차례로 그에게 몇 가지 일을 소개해 준 적이 있지만, 그는 모두 여러 가지 이유로 중도에 그만둬버려서, 다시는 그에게 소개해 주지 않을 것이다.

③ 임무가 시작되기 전에, 우리는 가능한 한 각종 어려움을 모두 감안하고, 충분한 준비를 해야만, 도중에 포기할 가능성을 줄일 수 있다.

2. 锦绣前程

① 대학을 졸업할 때, 모든 사람들은 자신에게 아름답고 빛나는 미래가 있을 것이라고 기대한다.

② 당신이 경력을 위조한 일은 반드시 비밀로 해야 하는데, 만일 누설된다면 당신의 전도양양한 앞날은 철저하게 망가질 것이다.

③ 그의 부모님은 일찌감치 그에게 길을 정해 놓으셨지만, 그는 꿋꿋하게 자신만의 아름답고 빛나는 미래를 창조하려고 한다.

3. 深情厚谊

① 나는 농민의 아들이기 때문에, 장래에 무슨 일을 하든지 간에, 땅에 대한 깊고 돈독한 정은 바뀌지 않을 것이다.

② 그는 모교에 도서관 하나를 기증하였는데, 이것은 모교에 대한 깊고 두터운 정을 나타낸다.
③ 나는 10년 동안 파리에서 공부하고 생활하며, 파리와 깊고 돈독한 정을 쌓았기 때문에, 나중에 반드시 다시 올 것이다.

4. 称心如意

① 당신이 이민을 간다면 지지하지만, 나는 차도 있고 집도 있고, 직업도 완전히 마음에 들기 때문에 이민을 가고 싶지 않다.
② 지갑은 잃어버렸고, 휴대폰은 고장이 났고, 사장님한테는 욕을 먹고, 나는 최근에 생각대로 되는 일이 하나도 없다.
③ 그녀는 사장님과 가격 흥정을 해서, 원가의 50%까지 이야기를 하고 나서야, 겨우 마음에 들어 하면서 그 스커트를 샀다.
④ 우리는 전문적인 결혼식 서비스 회사입니다. 결혼식에 관한 일은 저희들에게 맡기면, 반드시 마음에 꼭 들게 하겠습니다.

확인하기 I

2\. (1) 완전히 마음이 맞다.
(2) 두터운 정의(情誼).
(3) 아름답고 빛나는 미래.
(4) 일을 다 끝내지 못하고 중도에 그만두다. 끝까지 버티지 못하다.

3\. (1) 내일 귀국하는데, 나에 대한 당신 가족들의 깊고 돈독한 정을 영원히 마음속에 기억할 것이다.
(2) 저녁에 당신을 데리고 어디 가서 밥을 먹으려고 하는데, 백 원이면, 당신 맘에 들게 먹을 수 있다.
(3) 만일 지금 귀국한다면, 여기서 하고 있는 과제는 다 끝내지 못하고 중도에 그만둬야 하기 때문에, 나는 변함없이 연말까지 머물다 돌아가고 싶다.
(4) 엄마는 편찮으셔서 누군가 돌봐야 하지만, 당신의 학업은 도중에 포기할 수 없으니, 우리는 누군가에게 부탁해서 엄마를 돌보게 하는 편이 더 좋겠다.
(5) 모든 사람들은 좋은 대학에 들어가야만 비로소 아름답고 빛나는 미래가 있을 수 있다고 믿기 때문에, 모두들 필사적으로 그 몇 개의 좋은 대학에 비집고 들어가려고 한다.

Ⅱ. 성어 뜻과 쓰임 익히기

5. 一帆风顺

① 그의 사업은 처음 몇 년은 순풍에 돛단 듯 순조로웠지만, 최근에는 문제가 좀 생긴 것 같다.
② 인생이 너무 순풍에 돛단 듯 평탄한 것이 반드시 좋은 일만은 아닌데, 어쩌면 사람이 좌절을 견뎌내지 못하게 변화시킬 수도 있다.
③ 사랑의 매력은 결코 순풍에 돛단 듯 순조로운 것에 있는 것이 아니라, 아마도 그것의 우여곡절과 예측 불가에 있다.
④ 만일 누군가가 당신에게 순풍에 돛단 듯 순조로운 창업 이야기를 해 준다면, 그가 당신을 속일

가능성이 90%이다.

6. 喜闻乐见

① 좋은 아동 문학 작품은 반드시 성인과 아동 모두의 환영을 받아야 한다.

② 그의 작품은 생동적이고 소박하며 깊고 진한 생활적 토대를 지니고 있기 때문에, 대중의 환영을 받는다.

③ 어린이의 직접적인 경험은 한계가 있기 때문에, 영화, TV, 그림 등 어린이들에게 사랑 받는 형식으로 아이들의 경험을 풍부하게 해줄 수 있다.

7. 兴高采烈

① 그 날 맞선을 보러 가기 전에 그는 신바람이 났었지만, 돌아왔을 때는 오히려 풀이 죽었는데, 아마도 그 남자가 마음에 들지 않았던 모양이다.

② 그는 전화상으로 신이 나서 다음 주에 바로 방학을 하고 집에 돌아갈 수 있다고 나에게 알려 주었다.

③ 나는 즐겁게 집을 나서서, 마치 흥겨운 한 마리의 말처럼 즐겁게 내달리기 시작하였다.

④ 그의 업무는 자신이 흥미를 느끼는 일이기 때문에, 비록 보수는 높지 않지만, 여전히 매우 즐겁게 일한다.

8. 兴致勃勃

① 처음 무용 수업을 할 때 나는 신이 났지만, 곧바로 춤을 연습하는 것이 지루하다는 것을 발견하였다.

② 그는 길거리를 한가로이 거니는 것을 좋아하지 않지만, 여자 친구가 화장품 코너에서 신바람이 나서 립스틱 색깔을 비교하는 것을 보고, 하는 수 없이 인내심을 갖고 옆에 앉아서 기다렸다.

③ 자연 박물관의 그 돌들은 내 눈에는 거의 비슷했지만, 그들 두 사람은 흥미진진하게 보면서 또 토론을 펼쳤다.

④ 나는 문 밖에서 그들이 신나서 이야기하는 소리를 들었는데, 뭔가 새로운 계획이 있는 듯 했다.

9. 任重道远

① 이 몇 년 동안 우리 회사는 꽤 발전을 하였지만, 우리의 목표는 세계 500위권에 드는 것이기 때문에, 앞으로의 일은 여전히 책임이 무겁고 갈 길이 멀다.

② 그의 어릴 적부터의 꿈은 세계평화였다. 그는 이 꿈을 실현하는 것이 어깨가 무겁다는 것을 알지만, 그것을 위해 분투하기를 원한다.

③ 환경공학 전공 학생으로서, 회색 하늘과 오염된 강물을 보면, 나는 무거운 책임감을 느낀다.

확인하기 II

2. (1) 대중들에게 크게 사랑을 받다.
(2) 매우 흥분하고 기뻐하다.
(3) 매우 순조로워서 전혀 좌절하지 않다.
(4) 흥미가 농후하고 기분이 들뜨다.
(5) 책임이 무겁기 때문에 장기적인 투쟁을 겪어야 한다.

3. (1) 작가는 사회에 깊이 파고들고 생활에 깊이 파고들어야만, 독자들에게 환영 받는 작품을 창작해 낼 수 있다.
(2) 그의 인생은 정말로 만사가 순조롭다고 말할 수 있는데, 대학 졸업 후에 정부 부처에 들어갔고, 바로 처장에 발탁되었다.
(3) 만담(漫談)은 백성들에게 환영받는 예술 형식인데, 유감스럽게도 최근 몇 년 동안 좋은 작품이 없다.
(4) 지구의 환경이 지속적으로 악화되고 있고, 여러 곳의 물 부족 현상은 점점 심각해지고 있기 때문에, 절수 업무는 책임이 막중하다.
(5) 아이는 신바람이 나서 그의 첫 번째 작품을 내다가 당신에게 보여줬는데, 오히려 당신에게 의욕이 꺾여서 울 정도였으니, 어찌 이럴 수가 있단 말인가?
(6) 그는 오늘 마침내 그와 흥미가 일치하는 사람을 만났다. 문에 들어서서부터 지금까지, 한 시간이 지났는데도, 두 사람은 아직도 흥미진진하게 최신형 비행기에 대해 토론하고 있다.

실력향상을 위한 종합연습

1. (1) 자주 그녀가 다이어트를 한다고 말하는 것을 들었는데, 어째서 조금도 변화가 없어 보입니까?
(2) 대학을 졸업하고 당신은 네 번이나 직업을 바꿨는데, 최근 이 일은 어떻습니까?
(3) 2주가 지나면 곧 국보(國寶) 전시회가 열리는데, 당신들은 어떻게 준비하고 있습니까?
(4) 당신은 기아(飢餓)와 빈곤을 없애는 것을 인생에서 추구하는 것으로 삼는다는 것이 무엇을 의미하는지 알고 있습니까?

2. 올해 짱허언이 기획한 신년 파티는 정말 훌륭했습니다. 파티의 프로그램들이 풍부하고 다양했는데, 당신이 생각해 낼 수 있는 사람들에게 환영받는 각종 공연 형식이 모두 있었기 때문에, 남녀노소를 막론하고, 모든 사람들이 매우 신이 나서 지켜봤습니다. 마지막에 있었던 경품 추첨 행사는 모두를 더욱 흥분하고 기쁘게 하였는데, 파티에 참석한 모든 사람들에게 상품이 있었기 때문입니다.

3. 오늘 저는 여기에 서서 몇 마디 마음속의 말을 할 수 있는 기회를 갖게 되어 대단히 기쁩니다. 우선, 저는 1년여 동안 저에 대한 선생님들과 학우들의 깊고 두터운 정에 특별히 감사하려고 하는데, 덕분에 제가 가장 어려울 때 중도에 포기하지 않았고, 저의 유학생활은 충실하고 따뜻했습니다. 다음으로, 저는 참석한 학우들 중 다수는 저와 마찬가지로, 미래의 꿈이 다른 국가 간의 문화교류를 촉진시키는 것이라고 알고 있습니다. 우리는 졸업을 했고, 우리의 꿈을 실현시키는 책임은 무겁습니다. 우리 함께 노력합시다! 마지막으로, 내일 우리는 귀국을 하는데, 나는 모든 학우들에게 아름답고 빛나는 미래가 있고, 생활이 원하는 대로 이루어지기를 기원합니다.
(1) 1년 동안의 유학생활이 끝났고, '나'는 누구에게 감사하려고 합니까? 무엇 때문입니까?
(2) '나'와 많은 학우들의 꿈은 무엇입니까? 이 꿈은 실현되기 쉽습니까?
(3) '나'는 학우들에게 어떠한 축복이 있습니까?

찾아보기

爱不释手 / 130
安居乐业 / 70
拔苗助长 / 78
半途而废 / 226
饱经沧桑 / 180
波涛汹涌 / 50
博大精深 / 131
不可思议 / 202
不三不四 / 13
不相上下 / 102
不屑一顾 / 212
不言而喻 / 120
不择手段 / 211
层出不穷 / 63
称心如意 / 229
川流不息 / 65
从容不迫 / 149
当务之急 / 148
得不偿失 / 81
得天独厚 / 53
丢三落四 / 12
东张西望 / 31
飞禽走兽 / 48
丰富多彩 / 54
风土人情 / 46
各抒己见 / 98
根深蒂固 / 218
供不应求 / 30
归根结底 / 219
后顾之忧 / 138
画蛇添足 / 146
恍然大悟 / 210
急功近利 / 80
急于求成 / 79
继往开来 / 194
家喻户晓 / 119
见多识广 / 34
见义勇为 / 112
接二连三 / 10
竭尽全力 / 115
津津有味 / 85
锦绣前程 / 227
兢兢业业 / 170
精打细算 / 179
精益求精 / 171
举世闻名 / 55
举世瞩目 / 68
举足轻重 / 154
聚精会神 / 84
刻不容缓 / 147
空前绝后 / 132
苦尽甘来 / 178
理所当然 / 113
理直气壮 / 99
力所能及 / 114
乱七八糟 / 18
络绎不绝 / 56
名副其实 / 118
名胜古迹 / 47
莫名其妙 / 104
难能可贵 / 121
迫不及待 / 137
七上八下 / 19
齐心协力 / 203
岂有此理 / 105
迄今为止 / 139
恰到好处 / 196
千方百计 / 21
潜移默化 / 181
锲而不舍 / 162
轻而易举 / 153
全力以赴 / 165
任重道远 / 236
日新月异 / 62
三番五次 / 16
三言两语 / 11
深情厚谊 / 228
十全十美 / 20
实事求是 / 195
肆无忌惮 / 213
滔滔不绝 / 96
讨价还价 / 28
天伦之乐 / 184
统筹兼顾 / 197
微不足道 / 155
无动于衷 / 216
无精打采 / 88
无可奉告 / 217
无可奈何 / 37
无理取闹 / 103
无能为力 / 185
无穷无尽 / 133
无微不至 / 186
无忧无虑 / 187
五颜六色 / 17
物美价廉 / 29
喜闻乐见 / 233
相辅相成 / 201
想方设法 / 35
小心翼翼 / 106
欣欣向荣 / 64
新陈代谢 / 136
兴高采烈 / 234
兴致勃勃 / 235
悬崖峭壁 / 49
雪上加霜 / 152
循序渐进 / 163
咬牙切齿 / 36
一帆风顺 / 232
一举两得 / 8
一目了然 / 200
一如既往 / 122
一丝不苟 / 168
一心一意 / 9
有条不紊 / 169
与日俱增 / 72
再接再厉 / 164
斩钉截铁 / 97
朝气蓬勃 / 86
争先恐后 / 87
知足常乐 / 71
众所周知 / 38
自力更生 / 69
总而言之 / 172